Freiheit und Entschlossenheit

GANGAJI

Freiheit und Entschlossenheit

Der schmale Grat der Hingabe

advaita *media*

Jemand fragte Papaji,
ob er noch immer darauf achte,
wachsam zu sein,
und er antwortete:
»Bis zu meinem letzten Atemzug.«

Titel der amerikanischen Originalausgabe:
Freedom and Resolve – the living edge of surrender
© Gangaji 1999

Deutsche Ausgabe:
Gangaji
Freiheit und Entschlossenheit – Der schmale Grat der Hingabe

2. Auflage 2025
© 2015 advaitaMedia GmbH
advaitaMedia – Weisheit aus der Stille
Am Gutspark 1
23996 Saunstorf
www.advaitaMedia.com

advaitaMedia – Weisheit aus der Stille
Verlag der *OM-Stiftung Innere Wissenschaft*
Hamburg, www.om-stiftung.org

Deutsche Erstausgabe 2000 bei Alf Lüchow Verlag, Freiburg i. Br.
Übersetzung: Surya Hoppenkamp, Hamburg
Cover & Satz: Katja Dorow-Schwart
Druck und Bindung: CPI Leck

Die Herausgabe dieses Buches wurde durch die
finanzielle Unterstützung von Roland Georg ermöglicht.

Bibliografische Informationen der Deutschen Nationalbibliothek
Die deutsche Nationalbibliothek verzeichnet diese Publikation in der
Deutschen Nationalbibliografie; detaillierte biografische Daten sind
im Internet unter www.dnb.de abrufbar.

ISBN 978-3-936718-39-3

Inhalt

Du hast die Wahl

Seit ewigen Zeiten hast du dich dafür entschieden, die Geschichte der Trennung von Gott zu verkünden, und jetzt scheint diese Geschichte eine beschlossene Sache zu sein. Es erscheint so, doch das täuscht. Du hast einfach zugestimmt, die Geschichte von deinen Vorfahren zu übernehmen, sie ist ein Produkt deiner früheren Leben, deiner alten Fehler und Wünsche. Aber wer du in Wahrheit bist, in dieser Angelegenheit hast du keine Wahl.

Dein Denken kann diese Wahrheit entweder leugnen oder annehmen. In dieser Wahlmöglichkeit liegt dein freier Wille – die Freiheit deiner Entscheidung. Hinsichtlich deiner wahren Natur aber hast du keinen freien Willen. Du bist DAS, vollständig, ganz und gar. Doch du hast einen freien Willen, wenn es um dein Denken und um deine Vorstellungen geht. Du kannst vorgeben, nicht DAS zu sein, was du in Wirklichkeit bist. Du kannst so tun, als ob dir noch etwas fehlt, um vollständig zu sein. In beliebig vielen Variationen und Abwandlungen kannst du deine wahre Natur leugnen und dein eigenes Selbstbild wählen.

Dieses Spiel hast du seit Äonen gespielt, doch irgendwann bist du das Spiel leid, denn es stellt sich mit der

Zeit heraus, dass es sehr beschränkt ist. Trotz seiner Vielfältigkeit, seiner Schönheit und seiner Schmerzen bleibt es beschränkt, weil es auf der Vorstellung beruht, dass du irgendwie von der Wahrheit, von der Erkenntnis, von der Liebe oder von Gott getrennt bist. Das ganze Spiel basiert auf der Vorstellung, von der Wahrheit getrennt zu sein, und diese Annahme wird selten untersucht. Du hältst sie für Realität und dieser Glaube macht das Spiel sehr kompliziert.

Ich lade dich ein, herauszufinden, *wer* dieses Spiel eigentlich spielt.

Du bist von Natur aus Bewusstsein. Das höchste Bewusstsein ist das, was wir »Gott« nennen. Du bist von Natur aus eins mit Gott. Du bist von Natur aus Wahrheit. Alles andere ist unnatürlich. Es mag »normal« sein, aber es ist nicht natürlich. Das Spiel hat jedoch seinen Sinn, denn solange du daran glaubst und seine Unnatürlichkeit für normal hältst, gibt dir das eine Gelegenheit, dich für verloren zu halten und den Schmerz, das Leiden zu erfahren, das darin liegt, ausgestoßen und von Gott getrennt zu sein. Und dann kann diese Vorstellung, dieses ganze schmerzhafte Spiel deine Sehnsucht nach Wiedervereinigung mit der Wahrheit wecken, mit der letzten und höchsten Wahrheit.

Wenn du aber diese Wahrheit, Bewusstsein zu sein, eins mit Gott zu *sein,* die Wahrheit selbst zu sein, als etwas Selbstverständliches betrachtest, dann bist du einer Art Trance oder Schlaf verfallen und wirst eines Tages wieder der Vorstellung unterliegen, getrennt oder verloren zu sein und deine Suche beginnt von neuem.

Die Einladung Ramanas zur unmittelbaren Selbsterforschung gibt dir Gelegenheit, deine Aufmerksamkeit darauf zu richten, wer verloren ist, wer getrennt ist. Du wirst niemanden finden.

Es gibt niemanden, der verloren sein könnte. Derjenige, der verloren zu sein schien, war eine Erfindung des Denkens, damit das Spiel überhaupt beginnen konnte. Wenn du entschlossen bist, dich dieser Untersuchung konsequent, vollständig *und immer wieder von neuem* zu widmen, wenn du fest entschlossen bist, nicht wieder einzuschlafen und nicht länger an dein Getrenntsein zu glauben, dann wirst du dir als DAS begegnen, was du wirklich bist – jenes Bewusstsein, in dem der Spielende, der Suchende, die Trennung und die Vereinigung erscheinen und wieder vergehen.

Wachsamkeit: Ein Aufruf zu tieferer Hingabe

Vielen Menschen hat entweder Glück oder Gnade einen Einblick in die Unsterblichkeit, in das ewige Selbst geschenkt, und dann fragen sie sich: »*Was nun?*« oder »*Was soll ich jetzt tun? Was mache ich mit dieser Erfahrung?*« Solche Fragen beweisen, dass noch tiefere Hingabe erforderlich ist. Es gibt immer eine Möglichkeit zu noch tieferer Hingabe. Ein anderes Wort für diese Hingabe ist Wachsamkeit.

Der Begriff Wachsamkeit wird oft missverstanden. Meistens wird unter Wachsamkeit eher eine strenge Kontrolle durch das Über-Ich verstanden. Ich bin mir sicher, diese Art von Kontrolle ist dir sehr vertraut: »*Ich hätte das nicht sagen sollen. Ich hätte das nicht so machen sollen. Ich hätte das nicht denken dürfen. Ich hätte Hingabe beweisen müssen.*« Diese Kontrolle ist keine Wachsamkeit. Es ist nur eine schlechte Imitation von Wachsamkeit. Das englische Wort »vigilance« (Wachsamkeit) kommt von »vigil« (Nacht-)Wache/Vigilie, also »Wache halten«. Wachsam zu sein ist eine Form von Gottesdienst – die heilige, stille, friedliche Wache an der Flamme der Wahrheit.

Solange auch nur die geringste Versuchung besteht, dich von der Wahrheit getrennt zu fühlen, solange sich noch Wünsche aus der Vergangenheit abspulen, solange dein Körper noch atmet, so lange musst du deine Wachsamkeit aufrechterhalten.

Dir bewusst zu sein, dass du dich jederzeit wieder von der Wahrheit getrennt fühlen kannst, gibt dir die nötige Entschlossenheit, die Flamme der Wahrheit noch aufmerksamer zu bewachen. Wenn du wirklich wachsam bist, dann entdeckst du, dass du von der Wahrheit nicht getrennt bist. Und wie geht es dann weiter? Mit noch mehr Wachsamkeit, mit tieferer Erkenntnis, denn wahre Selbsterforschung hat kein Ende. Was ein Ende finden kann, ist deine vorrangige Beschäftigung mit demjenigen, der du zu sein glaubst – mit deinem Körper, deinen Gedanken und deinen Gefühlen. Diese Inanspruchnahme dauert tatsächlich nur deshalb an, weil du sie immer wieder nährst.

Deinem Körper Nahrung zu geben, erzeugt keine Probleme. Aber deinen Gedanken Nahrung zu geben, *das* erzeugt viele Probleme. Deinen Gefühlen Nahrung zu geben, erzeugt große Probleme. Hör auf, deinen Gedanken und deinen Gefühlen Nahrung zu geben und erkenne, was keine Nahrung braucht, um zu sein. Schenke DEM deine Wachsamkeit. Ergib dich DEM.

Wenn dich der Pfeil der Wahrheit getroffen hat und du dir dessen bewusst bist, dann kennst du wahrscheinlich auch diese arroganten Gedanken: »*Ich weiß, dass ich eins mit der Wahrheit bin. Wer ist dann noch da, der wachsam sein könnte?«* Das hast du bestimmt gedacht, nicht wahr? Und plötzlich, aus heiterem Himmel, leidest du wieder und jammerst: *»Ich habe es verloren! Wie ist das möglich?«* Der Eindruck oder die Erfahrung, etwas verloren zu haben, was nicht verloren werden kann, wird durch Wachsamkeit korrigiert.

Ich meine damit nicht, dass du dich anstrengen sollst, dass Wachsamkeit etwas mit »machen« zu tun hat. Ich meine damit, wachsam zu sein und zu erkennen, dass Wachsamkeit dein natürlicher Zustand ist. Du bist reines Bewusstsein. Es liegt in der Natur des Bewusstseins, wachsam zu sein. Bewusstsein ist sich selbst gegenüber wachsam, ist sich seiner selbst in Wirklichkeit immer bewusst.

Wenn dein Körper im Tiefschlaf liegt, ohne Bezugspunkte, ohne Sinneseindrücke, ohne Wahrnehmung des Körpers oder anderer Objekte mentaler, emotionaler oder physischer Art, existiert dennoch Bewusstsein, das sich seiner selbst bewusst ist. Das ist die Glückseligkeit des Tiefschlafs. Wacht der Körper auf und die Objekte erscheinen wieder, erinnerst du dich trotzdem an die tiefe, objektlose Erfahrung des Schlafes. Sie hat keine Sinneseindrücke hinterlassen, dennoch bist du dir ihrer bewusst, weil das Gewahrsein dieses Zustandes noch vorhanden ist. Wir sind daran gewöhnt, unsere Aufmerksamkeit auf Objekte zu richten, sobald sie erscheinen, und übersehen dabei die allgegenwärtige Tiefe, die uns nährt. Wachsamkeit bedeutet, sich dessen bewusst zu sein, was nicht verschwindet, selbst wenn Objekte erscheinen. Gleichgültig ob diese Objekte wunderschön, hässlich oder ganz gewöhnlich sind, stets ist Bewusstsein da, das sich seiner selbst bewusst ist. Ob es sich um mentale, emotionale oder physische Objekte handelt, immer ist Bewusstsein da und sich seiner selbst bewusst.

Echte Wachsamkeit muss eine Leichtigkeit des Gewahrseins sein, sonst ist sie eine erzwungene Wachsamkeit und zeigt, dass du nicht wirklich wachsam bist. Wenn dir der Gedanke kommt: *»Jetzt werde ich versuchen wachsam zu sein,«* dann frage dich, *wer* versucht wachsam zu sein. Das ist unmittelbare Selbsterforschung. Du wirst feststellen, dass niemand da ist, der wachsam sein könnte, dass nur die Wachsamkeit selbst da ist. Dann wirst du merken, dass es ganz natürlich ist, sich vorübergehend erscheinender Objekte bewusst zu sein und sich gleichzeitig dessen bewusst zu sein, was sowohl dieser Objekte als auch seiner selbst gewahr ist.

Ruhe in der Wachsamkeit und beobachte. Warte einfach und schau zu. Beobachte, wie sich die Bestimmung deines Körpers erfüllt, was der treibende Impuls in diesem Leben ist. Viele Objekte werden am Altar deiner Wachsamkeit vorüberziehen. Lass sie vorüberziehen wie die Wolken. Die Wolken sind nicht das Problem, jedenfalls nicht vom Standpunkt des Himmels aus betrachtet. Du bist der Himmel. Du bist nicht das Wesen, das zum Himmel aufschaut. Du bist der Himmel, der das Erscheinen dieses Wesens beobachtet.

Wachsamkeit wird oft als Anstrengung, als Belastung missverstanden. Doch die eigentliche Last liegt darin, wenn du leugnest, dass dein wahres Sein reines Bewusstsein ist. Die Vorstellung, Wachsamkeit sei etwas Anstrengendes, basiert auf dem Konzept spiritueller Übungen. Es wurde dir nahe gelegt, deine Übungen zu machen, und zwar regelmäßig. Ich weiß nicht, was die Wurzel des Wortes »Übung« ist, aber in diesem Zusammenhang ist es eigentlich nicht angebracht, weil das Wort »Übung«, zumindest im Englischen, eine Art Vorbereitung für das wirkliche Ereignis beinhaltet. Wenn du ein Fußballspieler bist, dann übst du, um dich auf ein Spiel vorzubereiten. Oder du übst für ein Konzert. Aber du kannst nicht für das Leben üben. Leben ist immer jetzt. Deshalb verwende ich das Wort »üben« nicht im Zusammenhang mit Wachsamkeit. Ich spreche davon, Wachsamkeit zu *sein*. Jetzt. Du bist bereits DAS. Erkenne dich als DAS und sei dir deiner wahren Natur bewusst. Und dann schau, ohne nach etwas Bestimmtem Ausschau zu halten, schau einfach.

In der westlichen Kultur und besonders in Amerika werden wir dazu erzogen, genau zu wissen, was uns erwartet, damit wir versuchen, es so zu manipulieren, wie wir es uns wünschen. Deshalb gibt es so viel Leid, weil wir versuchen, das Leben in Bahnen zu zwingen, die einem bestimmten Konzept entsprechen, und alles zu bekämpfen, was diese Übereinstimmung bedroht. Auch wenn wir mit diesem Kampf Erfolg haben, fühlen wir uns am Ende doch unzufrieden und unerfüllt.

»Warte und schau« bedeutet nicht unbedingt, für immer bewegungslos auf deinem Sofa sitzen zu bleiben. Es bedeutet auch nicht zwangsläufig, von deinem Sofa aufzustehen und etwas zu tun. Es hat eine viel tiefere Bedeutung. In Wachsamkeit kannst du ein aktives Leben führen, in Wachsamkeit kannst du auch ein inaktives Leben führen.

Deine Erfahrungen werden sich vertiefen und du wirst viele Einsichten und Offenbarungen haben. Doch in allen Erfahrungen bleibe dir dessen gewahr, was sich nie bewegt hat, was immer vollkommen, immer strahlend war, was immer unberührt geblieben ist. Es werden noch tiefere Einsichten folgen. Freue dich darüber, wenn sie kommen, und winke ihnen zum Abschied, wenn sie wieder verblassen. Halte deine Wachsamkeit auf das gerichtet, was sich nie bewegt hat, was durch die Erfahrung von »Verlust« nicht weniger geworden ist, was durch die Erfahrung von »Gewinn« nicht mehr geworden ist.

Sei Wachsamkeit. Die tiefste Freude in der Erfahrung des menschlichen Lebens ist es, wachsam zu sein. Wachsamkeit ist keine Aufgabe, die es zu lösen gilt. Wachsamkeit ist reine Glückseligkeit, eine Glückseligkeit, die aufmerksam dessen gewahr ist, was sich nie bewegt, was immer gegenwärtig ist. Sei DAS. Dann siehst du, wie sich dieses Geschehen, das du dein Leben nennst, wunderbar wie eine Blume entfaltet. Beginnt der Zerfall, wird es wunderschön wie eine Blume vergehen. Du brauchst es nicht in Wachs zu tauchen, damit es für immer in einem bestimmten

Zustand bleibt. Der Tod ist nicht dein Feind. Die Furcht vor dem Tod ist dein Feind. Deine Furcht vor dem Tod ist die Folge deiner Vorstellung, dass du ein abgetrenntes Wesen bist. Deine wahre Identität ist der Himmel des Seins.

Ich und
»meine« Geschichte

Wenn du die Entwicklung eines Säuglings durch die verschiedenen Stadien seines Wachstums verfolgst, dann ist der Unterschied zwischen dem Säugling und dem Sechsjährigen recht bemerkenswert. Genauso gravierend ist der Unterschied zwischen seinem sechsten und sechzehnten, seinem sechzehnten und fünfunddreißigsten, seinem fünfunddreißigsten und achtzigsten Lebensjahr. Du kannst ein bestimmtes Muster der Entwicklung erkennen.

Ein Säugling wird ganz offensichtlich mit bestimmten genetischen Anlagen und Tendenzen, mit einer Persönlichkeit geboren und doch ist er völlig offen und unbelastet. Das ist es, was wir an Säuglingen so lieben, ihre Offenheit ist einfach liebenswert. Auch wenn Kleinkinder manchmal schwierig sind, ihre Art, das Leben aus frischen, offenen, fragenden und freien Augen zu betrachten, macht sie durch und durch liebenswert. Während das Kind heranwächst, ist es einem Strom von Objekt- und Sinneswahrnehmungen ausgesetzt, den es entsprechend seinem eigenen Entwicklungsstadium und dem der Spezies auswertet. Ein Sechzehnjähriger hat bereits einen Teil seiner Offenheit verloren und sein Interesse richtet sich mehr und mehr auf persönliche Erfüllung und Erfolg. In den Wirren der Pubertät befreit sich der Jugendliche von Kindheit und Kindlichkeit zu mehr Unabhängigkeit, Wissen und Macht.

Auch Menschen, die in vielerlei Hinsicht ein wundervolles Leben führen, tragen häufig eine Last mit sich herum. Diese Last entsteht aus der Identifikation mit allem, was sie bisher »persönlich« an Erfahrungen angesammelt haben. Die Bürde ihres Lebens, diese individuelle Last, ist »ihre Geschichte«.

Jede Geschichte wird von einem Standpunkt zusammengehalten, der auf der unerklärlichen Vorstellung beruht, ein bestimmtes Individuum zu sein. Dieser Standpunkt ist das »Ich,« es ist der Magnet, der Empfindungen und Erfahrungen anzieht und dann eine »Geschichte« aus ihnen macht – deine Lebensgeschichte. Diese Lebensgeschichte ist ein Traum, aber du hast die Möglichkeit, in diesem Traum zu erwachen.

Ich liebe gute Geschichten. An einer guten Geschichte ist nichts Verkehrtes. Eine gute Geschichte kann tiefgründig, schön und unterhaltsam sein, sowohl was das Erhabene, als auch was das Schreckliche betrifft. Eine gute Geschichte lebt von Komplexität, vom Geheimnis, von Erfolg und Verlust, und jede richtige Geschichte hat am Ende eine Lösung, die alles wieder ins Lot bringt.

Einige Individuen stellen an einem bestimmten Punkt ihres Lebens fest, dass sie genug von der Geschichte haben, zumindest von dem Teil der Geschichte, den sie nicht mögen, der sie belastet, der sie an eine begrenzte Rolle als das, wonach sie sich eigentlich sehnen, bindet. Möglicherweise werden viele Versuche unternommen, die persönliche Geschichte in einem besseren Licht zu sehen. Vielleicht kann man sie sogar aus der Perspektive der Wahrheit sehen. Das ist wunderschön, denn in einem besseren Leben fühlt man sich nicht mehr als ein Opfer, sondern eher als Held oder Heldin, ja vielleicht sogar als »Erleuchteter«.

Die meisten, die dieses Buch lesen, sind in einer außergewöhnlichen Lage. Verglichen mit der Lebenslast, die du als Sechs- oder Sechzehnjähriger trugst, befindest du dich entweder im Himmel oder hast zumindest eine vorübergehende Erfahrung des himmlischen Zustands gehabt. Du hast bereits etwas davon gekostet und du weißt genau: *Dort möchte ich leben. Im Himmel. In diesem gelobten Land bin ich willkommen. Ich bin gesalbt und verklärt und werde als Gottes Kind verehrt und erkannt.* Das ist eine wunderschöne Geschichte und ich möchte niemanden seiner Geschichte berauben, es sei denn zum Zweck unserer Untersuchung. Wirkliche Erforschung offenbart dir, was jenseits von Himmel und Hölle ist. Mein Lehrer bat mich, diese Möglichkeit der Untersuchung mit dir zu teilen.

Ich schlage dir vor, den Inhalt deiner Geschichte genau zu untersuchen. Wenn du noch Aggressionen, Opfergefühle oder Heldentum findest, wenn du jemanden findest, der dir etwas antut, oder jemanden, der etwas für dich oder mit dir tut, wenn sich dein Szenario um

Flucht, Erfolg, Verlust, Gewinn oder sozialen Status dreht, dann sei dir darüber im Klaren, dass genau das dein Standpunkt ist und sei ehrlich damit. Diese Geschichte kann sehr subtil sein, und das verleiht ihr die größte Macht. In deiner Bereitschaft, ehrlich zu sein, erkennst du, welche Geschichte du ständig wiederholt hast, und dass sie auf deiner Vorstellung beruht, ein bestimmtes Individuum zu sein, das du »Ich« nennst. Die Geschichte enthält viele Varianten, Färbungen und Erfahrungen und sie scheint immer etwas Besonderes zu sein. Aber sie ist nicht wahr. »Ich« existiert einfach nicht. Dieses »Ich« wurde im Laufe all jener Jahre konstruiert, die der Körper, den du als »deinen Körper« identifizierst, auf diesem Planeten gelebt hat. Das »Ich« ist von Grund auf willkürlich und völlig frei *erfunden*.

Um die Bedeutung dessen wirklich verstehen zu können, musst du die Herausforderung annehmen, deine ganze Geschichte einmal fallen zu lassen, und dich fragen: *Wenn alles frei erfunden ist, wenn es kein »Ich« gibt, was ist dann wirklich? Wer bin ich? Was ist wahr?*

Was treibt die Geschichte vom »Ich« an? Es sind deine Wünsche, die ihr Nahrung geben. Auch wenn dein Wunsch ist, die Geschichte fallen zu lassen und zu erkennen, was wirklich ist, bleibt die Tendenz bestehen, die Geschichte immer wieder neu zu beleben. Das musst du klar verstehen. Der Drang, deine Geschichte weiterzuspinnen, bewusst oder unbewusst, hat seine Wurzel in der Angst »nichts« zu sein. In der Angst drückt sich dein Glaubenssatz aus, dass du ohne diese Geschichte, die du dein ganzes Leben lang so eifrig erzählt hast, ein »Nichts« bist, dass du stirbst. Es wird das Ende des »Ich« sein.

Wenn du aufmerksam beobachtest, erkennst du, wie subtil und doch eindeutig dein bewusstes Bemühen ist, dieses »Ich« irgendwie aufrechtzuerhalten. Vielleicht geht es inzwischen um ein »erleuchtetes« Ich, doch es geht immer noch um ein »Ich.« Darunter verbirgt sich die Angst, dass sich dein Körper ohne deine bewusste Anstrengung vielleicht auf der Stelle auflösen könnte, und mit deinem Körper würdest auch *du* verschwinden.

Die Intensität deiner Angst zeigt dir, bis zu welchem Grad du dich fälschlicherweise mit deiner Geschichte identifiziert hast. Wie viel Leid du erfährst, hängt davon ab, wie stark deine Identifikation mit der Geschichte ist. Aber *du* bist nicht deine Geschichte. Deine Geschichte ist eine Lüge, und diese Lüge belastet dich. Sie ist eine Last, die du täglich von morgens bis abends mit dir herumträgst. Vielleicht legst du sie in der Nacht für kurze Zeit beiseite, um einen erholsamen Schlaf zu haben, doch du greifst sie sofort wieder auf, wenn dein Körper aus dem Schlaf erwacht. Deine Geschichte wird erweitert, ausgeschmückt, neu arrangiert, geheilt, wieder ins Gleichgewicht gebracht, sie wird verbessert und damit zu einer »besseren« Last. Nichts ist verkehrt daran. Wenn du deine Geschichte unterhaltsam findest, dann bringe sie ruhig ins Gleichgewicht, stelle sie klar, schmücke sie aus. Doch in der Regel wird sie im Namen des Selbsthasses oder des Narzissmus zum Objekt der

23

Verehrung gemacht und die Geschichte vom »Ich« verwandelt sich in eine Leidensgeschichte.

Die erste Herausforderung liegt darin, überhaupt zu erkennen, dass du an eine Geschichte geglaubt hast. Als Nächstes ist deine Bereitschaft gefordert, damit aufzuhören, die Geschichte zu erzählen. Du musst bereit sein zu sterben, bereit sein überhaupt »nichts« zu sein. Dieses »Nichts« offenbart sich als das, was wir das Selbst, die Wahrheit oder Gott nennen und du erkennst, dass »Nichts« (engl.: nothing – kein Ding/Objekt) deine wahre Natur ist.

Mit »Nichts« meine ich keine nihilistische, dumpfe, tote Leere, wie der Verstand »Nichts« vielleicht interpretiert. Reines »Nichts-Sein« ist bewusste Intelligenz. Wie ein Säugling, der vollkommen in der bewussten Intelligenz lebt, ohne seinen Namen zu kennen und sich deshalb auch nicht mit ihm gleichsetzt. Die Geschichte von Säugling, Heranwachsendem und gereiftem Menschen handelt von der Entfaltung des »Ich«, von der Verehrung des »Ich«, von der Last des »Ich« und irgendwann vom Loslassen des »Ich«, und damit ist die Geschichte beendet – der Mensch kehrt zur bewussten Intelligenz zurück. Er erkennt sich selbst als die bewusste Intelligenz, in der alle Formen von »Ich« erscheinen und wieder verschwinden.

Viele Menschen haben die Wahrheit erkannt, dass das individuelle Bewusstsein und das universale Bewusstsein untrennbar eins sind. Die restliche Dynamik ihres vermeintlichen individuellen Bewusstseins führte sie häufig in die Einsamkeit oder in den Rückzug von der

Gesellschaft. Ramana Maharshi hatte das Interesse am Überleben seines Körpers völlig verloren und musste eine Weile gefüttert werden, als sein individuelles Bewusstsein vom reinen Bewusstsein des universellen Seins absorbiert wurde. Mein Lehrer, Shri H.W.L. Poonjaji (Papaji), verstand es jedoch, das Leben eines Sadhus, der sich traditionsgemäß aus dem Gefüge der Gesellschaft zurückzieht, mit einem aktiven Leben zu verbinden. Er lebte nie zurückgezogen in einem Ashram, er hatte eine Familie, einen Beruf, er verkehrte täglich mit Menschen, die wenig Ahnung vom Selbst, vom Bewusstsein hatten, und doch war ihm die ganze Zeit bewusst, dass er selbst die Totalität des Seins war.

Worin die Bestimmung deines Lebens liegt, kann ich nicht wissen. Doch unabhängig davon, ob du dein Leben als Einsiedler lebst oder mitten auf dem Marktplatz, hast du das volle Potenzial, die Wahrheit zu erkennen, dass dein ursprüngliches Wesen nicht objektivierbar ist.

Vier Ebenen
des denkenden Geistes

Der denkende Geist hat vier grundlegende Ebenen. Auf der mentalen Ebene werden Gedanken und Vorstellungen erzeugt. Auf der physischen Ebene werden Empfindungen, Gefühle und Energie körperlich erfahren. Die emotionale Ebene verknüpft Gedanken mit bestimmten Empfindungen und Erfahrungen, aus denen sich wiederum Gefühle formen. Die vierte Ebene ist die Umgebung. Auf dieser Ebene werden die Informationen über die Lebensumstände, so wie sie vom Denken registriert werden, wieder in körperliche Empfindungen, Gefühle, Gedanken, Standpunkte, persönliche Wahrheiten umgesetzt. Das ist die normale Erfahrung und eigentlich nichts Ungewöhnliches. Doch meistens ist diese sogenannte normale Erfahrung mit enormem Leid verbunden.

Irgendwann im Leben, inmitten der vielen leidvollen Erfahrungen, kommen auf einmal neue Gedanken auf: *»Ich möchte frei sein«* oder *»Ich möchte dem Leiden ein Ende machen«* oder *»Ich möchte vom Leiden erlöst werden«* oder *»Ich möchte Gott finden oder dass Gott mich findet«.*

Diese Gedanken haben wenig Ähnlichkeit mit allem, was bisher gedacht wurde. Sie signalisieren eine radikale Abkehr von der herkömmlichen Erfahrung dieser Inkarnation, von den gewohnheitsmäßigen Gedanken, Gefühlen, physischen Empfindungen und Umständen. Sie sind wie ein gewaltiger Glockenklang, der das Unbekannte ankündigt.

Es gibt unendlich viele unterschiedliche spirituelle Lehren, die uns viele verschiedene Wege weisen. Die meisten davon geben bestimmte Anweisungen, die sich auf Gedanken, Gefühle, körperliche Empfindungen oder Umstände beziehen. Wir bekommen Anleitungen, bessere Gedanken zu denken, unsere Umstände zu verbessern, wie wir uns besser fühlen oder mehr Spaß haben können. Und natürlich haben wir sie alle ausprobiert. Doch sich mit etwas zu beschäftigen, was vom denkenden Geist diktiert ist – und das ist jede Wahrnehmung, jedes Gefühl, jeder Impuls, jede Empfindung oder jeder Umstand –, führt uns letztendlich zu der Erkenntnis, wie begrenzt all diese Erscheinungen sind.

Erst wenn du an diesem Punkt angekommen bist, kann die radikalste von allen Lehren in dein Leben treten, eine Lehre, die eigentlich keine Lehre ist.

Wenn du auch nur für einen Moment die unbegrenzte, makellose Stille erfahren hast (das, was kein Gedanke, kein Gefühl, kein geistiger Zustand, kein Lebensumstand jemals erfassen oder festhalten kann), dann liegt die Versuchung nahe, diese Erfahrung im Verstand zu speichern und sie zu einem von vielen Objekten zu machen. Es ist sehr verlockend, die Wahrheit für deine Wünsche und Vorstellungen zu missbrauchen.

Werde dir darüber klar, dass dies die natürliche Funktion des Verstandes ist. Es ist seine Aufgabe, bestimmte Erscheinungen aufzugreifen, ob sie nun subtil oder ganz konkret sind, und sie als seine Objekte zu speichern. Dir dieser Funktionsweise vollkommen bewusst zu sein, ist die Herausforderung dieses geheimnisvollen Lebens.

Wie schon erwähnt, legen dir die vielen Lehren nahe, deine Aufmerksamkeit auf Objekte des Denkens zu richten. Besonders in der westlichen Welt haben wir reichlich Erfahrung damit. Das Radikale an dieser Nicht-Lehre ist jedoch, diese Tendenz zu durchschauen und sie verbrennen zu lassen, während du dein Gewahrsein von den Regungen deines Verstandes zur Stille des Selbst verlagerst.

Die Bedeutung dieser Aufforderung kannst du nicht verstehen, solange du sie nur mit dem Verstand hörst. Darin liegt ihre Schönheit. Die Erfahrung der Freiheit, der reinen, grenzenlosen Stille ist nur im gegenwärtigen Augenblick möglich. Sie hat nichts mit irgendwelchen Erfahrungen oder Erkenntnissen der Vergangenheit zu tun. Sie hat mit nichts zu tun. Die Stille ist unberührt von allen Gedanken, allen Gefühlen, allen Körpern und Umständen. Sie ist das, was du in Wahrheit bist.

Die meisten spirituellen Lehren behaupten, dass es nur wenigen Menschen möglich ist, die Wahrheit des eigenen Seins zu erkennen. Das mag für die Vergangenheit zutreffen, aber es muss nicht länger eine Seltenheit bleiben, denn die Wahrheit ist: Du *bist* das Sein. Die endgültige Wahrheit ist, dass du Stille *bist.*

Bis zu deinem letzten Atemzug, wenn dein Körper stirbt und dein Verstand vollständig ausgelöscht wird, musst du dir der Neigung deines Denkens, entweder nach Objekten zu greifen oder sie abzulehnen, immer bewusst bleiben. Das bezieht sich auf alle mentalen, emotionalen und physischen Objekte einschließlich deiner Umgebung. Wenn du dazu bereit bist, offenbart sich dir die Freiheit, die Wahrheit deines Seins, in der Reinheit der Nicht-Lehre, die besagt: *Sei still.*

Richte deine Aufmerksamkeit auf das, *was schon still ist.*

Je mehr du Stille erfährst, desto intensiver und subtiler wird die Herausforderung für dich, die Tendenz deines Denkens wahrzunehmen, wenn es aktiv sein will oder sich etwas aneignen oder ablehnen möchte oder gar diese Absichten leugnet.

Nutze deine kostbare Zeit auf sinnvolle Weise, indem du beobachtest, welchen Objekten dein Denken folgt. Der Stille kannst du nicht nachjagen. Stille geht nirgendwohin. Der Stille kannst du nur in Stille begegnen.

Ich lade dich ein, alle Konzepte über *dein* Leben, *deine* Bestimmung, *deine* Ziele, *deine* Vergangenheit, *deine* Gegenwart, *deine* Zukunft loszulassen und zu erkennen, was von diesem besitzanzeigenden Fürwort des Leidens unberührt bleibt. Wenn ich »Leiden« sage, schließe ich das Vergnügen daraus nicht aus, denn

Leiden beinhaltet sowohl intensives Vergnügen als auch den qualvollsten Schmerz.

Ramana spricht zu dir aus deinem innersten Wesen, seine Einladung besteht in dem schlichten Satz: *Sei still.*

Überleben, Sex
und persönliche Macht

Wenn sich deine Aufmerksamkeit von den Projektionen deines Denkens zu seiner ruhenden Qualität verlagert hat, wird dir langsam bewusst, dass die Geschichte des »Ich« von drei Hauptmotiven oder Kräften angetrieben wird. Von diesem Moment an ist es dir möglich, deine Besessenheit und deine Fixierung auf diese drei Hauptthemen klarer zu sehen. Alle Fäden deiner Geschichte sind mit dem Thema »Überleben« verknüpft. In diesem zentralen, grundlegenden Thema geht es um das Überleben des Körpers mit all seinen offensichtlichen oder auch subtileren Varianten. Das ist die Grundlage, alle anderen Themen haben entweder mit Sex und/oder Macht zu tun.

Diese Grundmotive bleiben dadurch lebendig, indem du deine Geschichte zigmal am Tag wiederholst. Ursprünglich erfüllte das eine sinnvolle Aufgabe, denn die Identifikation des Ich mit dem Körper sichert sein Überleben. Wenn ein Säugling nicht schreit, würde er wahrscheinlich sterben. Sex ist nötig, um Kinder in die

Welt zu setzen. Die Stellung, die ein Mensch innerhalb der Gemeinschaft anstrebte, diente eigentlich dem Schutz des Körpers und damit seinem Überleben.

In diesem Stadium deines Lebens kannst du begreifen, dass die Fäden deiner Geschichte etwas mit deinem »Ich« und der Erhaltung deines Körpers zu tun haben – dem »Ich«, das mit dem Körper gleichgesetzt wird. Dein Verständnis kann eine tiefere Ebene erreichen und dir wird klar, dass du bestimmte Gedanken eigentlich nicht länger aufrechterhalten musst. Zum Beispiel bist du längst in der Lage, für genügend Nahrung zu sorgen, du hast es also nicht mehr nötig, über Essen nachzudenken oder deine Aufmerksamkeit auf andere Weise zwanghaft mit diesem Thema zu beschäftigen.

Dasselbe trifft auf die Sexualität zu. Der Fortbestand der Gattung ist schon lange nicht mehr bedroht. Sexuelle Energie kann aufkommen, doch die Zwanghaftigkeit des ständigen Verlangens nach Sex verursacht nur unnötiges Leid.

Das Streben nach persönlicher Macht bringt ebenso viel Leid mit sich. Hier geht es darum, sich mit den Ellenbogen einen Platz in der Gesellschaft zu erkämpfen, um sich sicher zu fühlen, oder bis zur Spitze aufzusteigen, um noch mehr Macht zu haben.

In diesem Moment hast du die Möglichkeit, die unnötige Fortsetzung deiner Geschichte zu beenden, indem dir das unbewusste Weiterspinnen der Geschichte bewusst wird. Nur wenn sie dir bewusst geworden ist, hast du die Möglichkeit, mit der Zwanghaftigkeit, mit der Sucht aufzuhören, deine Geschichte nach außen zu projizieren, sie immer wieder aufzuwärmen, und du beginnst darauf zu vertrauen, dass deine Überlebensmechanismen auf angemessene Weise funktionieren werden.

Jetzt bist du in der Lage wertzuschätzen, wie begnadet und glücklich dein Leben ist, das dich mit ausreichend Nahrung und einem Dach über dem Kopf versorgt, dir Freizeit und die Unterstützung gewährt, dich um etwas zu kümmern, das tiefer und viel bedeutsamer ist als Überleben, Fortpflanzung und Macht. Das ist ein seltenes und unglaublich wertvolles Geschenk. In der ganzen Geschichte und in der heutigen Weltsituation haben nur wenige Menschen eine solche Gelegenheit. Aber du, umgeben von Wohlstand, brauchst dir um dein Überleben keine Sorgen zu machen. Selbstverständlich steht es dir frei, dir darüber Sorgen zu machen und dich endlos damit zu beschäftigen, wie du noch besser überleben und noch sicherere Garantien für dein Überleben finden kannst. Aber wenn du ganz ehrlich bist, dann ist Überleben kein wirkliches Problem für dich. Du musst ein Problem daraus machen. Du musst die Anstrengung, die Ellbogentechnik, das Weinen, das Leiden, das Verlangen nach Garantien in Gang halten. Das tust du, indem du deine Geschichte ständig wiederholst – Vergangenheit, Gegenwart und Zukunft – ein ewiges Bewerten, Prüfen, Abwägen und Fixieren.

Dein Leben ist sehr privilegiert. Du wirst genügend Menschen finden, denen es noch besser geht als dir, doch den meisten Menschen geht es weniger gut als dir. Wie wirst du dieses Privileg nutzen? Wie wirst du die Anstrengungen, die Erfolge deiner Vorfahren nutzen, die dir dein privilegiertes Leben ermöglicht haben? Womit wirst du deine Zeit verbringen? Womit wirst du dein Leben verbringen? Worauf richtet sich deine Aufmerksamkeit?

Nur du kannst diese Fragen beantworten. Die großen Heiligen, Weisheitslehrer und Erwachten rufen dich zu einer tieferen Dimension des Lebens auf, unabhängig davon, in welchen Umständen du lebst. Die meisten von euch haben alle möglichen Formen sinnlicher Freuden durchlebt, doch wo ist eure Aufmerksamkeit jetzt? Ist sie darauf aus, diesen Genuss endlos zu wiederholen, oder hat sie sich davon befreit, um etwas Tieferes, Unbekanntes zu erforschen?

Du weißt, wie du etwas zu essen bekommst. Du weißt, wie du ein Dach über dem Kopf findest. Du weißt, wie du an Sex kommst. Du weißt, wie du dir persönliche Macht verschaffen kannst. Und dir ist auch klar, wenn deine Aufmerksamkeit auf diese Dinge gerichtet bleibt, kannst du niemals genug davon bekommen. Du wirst nie genug haben. Erst wenn sich deine Aufmerksamkeit davon gelöst hat, wirst du immer genug haben, gleichgültig wie viel du hast. Das, was du bist, ist immer mehr als genug.

Wenn ich von Freiheit spreche, dann meine ich damit, deine Aufmerksamkeit zu befreien, sie der Erforschung deines Selbst frei zur Verfügung zu stellen, anstatt dich zwanghaft mit etwas zu beschäftigen, wofür schon lange gesorgt ist. Dieser Kampf ist vorbei und endete Gott sei Dank mit einem Sieg. Wie wirst du nun die Zeit des Friedens nutzen?

Die meisten Menschen werden einen neuen Krieg anfangen. Das macht die ganze Sache spannender, denn dann können sie handeln, den Feind in Schach halten und Verbündete finden. Doch die wirkliche Herausforderung liegt darin, in Frieden zu sein, das zu sein, was du in Wahrheit bist, und wertzuschätzen, was dir in diesem Leben geschenkt wurde. Deine Wertschätzung zeigst du, indem du es teilst. Dein Leben wird ein Leben in Frieden sein und du wirst in allem nur den Frieden sehen, unabhängig von den Umständen.

Der radikalste Einschnitt
deines Lebens

Viele spirituelle Schriften und bedeutende Lehrer sagen, dass erleuchtete Menschen eine Seltenheit sind. Das mag in der Vergangenheit zutreffend gewesen sein, doch ob es auch für die Gegenwart und die Zukunft zutrifft, hängt von dir ab. Selbstverwirklichung verlangt eine Entschlossenheit, die in ihrer Totalität unermesslich ist. Wenn die Entschlossenheit absolut ist, dann ist sie gleichzeitig ganz einfach.

Ich erhalte oft wunderschöne Briefe, die von tiefen Erfahrungen und Offenbarungen berichten. Diese Briefe haben euch inspiriert und sie haben mich inspiriert, aber letzten Endes bedeuten sie gar nichts. Wenn jemand trotz seiner tiefsinnigen Briefe dem Zauber der Erscheinungen zum Opfer fällt, bedeuten sie nichts. Die Briefe spiegeln die Wahrheit wider, sie drücken die Wahrheit aus, doch es ist dein alltägliches Leben, das zeigt, wo dein wirkliches Interesse liegt. Wenn dein wirkliches Interesse der Wahrheit gilt, dann wird dein ganzes Leben der Hingabe an die Wahrheit gewidmet sein und nicht den vergänglichen Erscheinungen. Dabei ist es gleichgültig, ob es sich um persönliche Macht, sexuelle Reize oder spirituelle Kräfte handelt, alle Erscheinungen sind nur Fallstricke des denkenden Geistes.

Kommen Erscheinungen, von denen du dich bereits abgewendet hast, durch eine andere Tür, in neuer Form zu dir und versprechen dir mehr Erfolg, mehr Schönheit und mehr Reiz, dann wird deine normale Reaktion sein, wieder in die Trance des Vergnügens zurückzufallen und zu denken: »*Oh ja, das habe ich mir schon immer gewünscht. Ich werde später zur Wahrheit zurückkehren*«. Ist dir diese Art nicht vertraut, die Wahrheit als dein sicheres Eigentum zu betrachten?

Wenn du dich jedoch der Wahrheit hingibst, die von keiner Erscheinung jemals berührt werden kann, dann bist du frei, dann ist dein Leben ein Leuchtfeuer der Freiheit. Diese Freiheit ist unabhängig von Annehmlichkeiten oder Unannehmlichkeiten, von Neigungen oder Abneigungen, von Anregung oder Langeweile. Das ist wirkliche Freiheit. Die Wahrheit deiner selbst *ist* diese Freiheit, und die Erscheinungen sind einfach nur Masken, Verkleidungen, vorbeiziehende Wolken, chemische oder elektrische Vorgänge.

Entschlossenheit ist nichts Alltägliches, nichts, was du nebenbei erledigen kannst. Entschlossenheit bedeutet, dein Leben ist die außergewöhnlichste und seltenste Chance eines Lebens. Erkennst du diese wertvolle Gelegenheit und gibst dich ihr hin, dann werden dich die erwachten Wesen aller Sphären und aller Zeiträume darin unterstützen. Dennoch liegt die Entscheidung bei dir. Du wirst unterstützt und angespornt, wachgerüttelt und ermuntert und dennoch liegt die Entscheidung ganz und gar bei *dir*.

Wahre Hingabe ist der radikalste Einschnitt in deinem Leben. Sie ist die Bereitschaft, jede Hoffnung auf Vergnügen aufzugeben – auf *alle* Vergnügen. Und dann sieh, was du dafür empfängst. Dich der Wahrheit hinzugeben, um mehr Vergnügen zu bekommen, das funktioniert nicht. Natürlich hast du versucht, diesen Handel zu machen, aber was du dafür bekommen hast, ist mehr Leiden. Auch das größte Vergnügen musst du letztendlich mit mehr Leiden bezahlen.

Sei darauf vorbereitet, den intensivsten, ungeheuersten und aufregendsten Versuchungen der Erscheinungswelt ausgesetzt zu sein. Rechne damit, dass alles erscheint, wonach du dich jemals in den geheimsten Winkeln deines Denkens gesehnt hast. Das ganze Spektrum deiner unbewussten Tendenzen wird auf der Lauer liegen: das Verlangen nach persönlicher Macht, nach dem ersehnten Seelengefährten, nach materiellem Gewinn oder Anerkennung.

Entschlossenheit ist keine alltägliche Angelegenheit, doch du machst sie noch schwieriger, wenn du gleichzeitig an einer Vorstellung von persönlicher Erfüllung festhältst. Das allein ist ironischerweise schon die Hölle. Wenn du bereit bist, allen Versuchungen hundertprozentig ins Gesicht zu sehen, den schrecklichen und den schönen, wenn du bereit bist, alle Phantasien der persönlichen Erfüllung sterben zu lassen, dann entdeckst du die wahre Erfüllung in dem, was du wirklich bist.

Das ist die Einladung von Ramana und Papaji. Sei darauf vorbereitet, gestoßen, gezogen, auf den Kopf gestellt und von allen Seiten angegriffen zu werden, Blumen und Süßigkeiten geschenkt zu bekommen und dann plötzlich zusammengeschlagen zu werden. Das wird Lila genannt, Gottes Bewusstseins-Theater. Lila spielt ziemlich hart. Wenn du dich der Wahrheit hingibst, dann wird dieses Spiel dich tiefer in die Wahrheit stoßen. Gibst du dich jedoch den Erfahrungen der Erscheinungswelt hin, dann wird dein Geist von deiner wahren Erfüllung, von der Erfahrung deines eigenen Seins weggezogen und zerrt dich in die Suche nach »mehr« oder »anders« oder »besser«. Das sind die Namen der verschiedenen Eingänge zur Hölle.

Die Natur
der Erscheinungen

Anscheinend habe ich einen sehr aktiven Verstand mitbekommen und das Thema »persönlicher Erfolg« ist im Moment sehr akut. Mein neues Werk wurde gerade veröffentlicht und ich erhalte viel Lob und Anerkennung.

Was geschieht, wenn du diesen aktiven Verstand dazu benutzt, die Aufmerksamkeit auf ihn selbst zu richten? Lob und Anerkennung kommen und gehen genauso wie Hass und Aggression. Wenn du deine Aufmerksamkeit auf die sanfte Strömung der Seligkeit in deinem Inneren richtest, wird diese Strömung zu einem mächtigen Fluss von Seligkeit. Und dieser Fluss der Seligkeit wird ganz natürlich in einen Ozean von Seligkeit münden. Der Ozean der Seligkeit erhebt sich in einen Himmel von Seligkeit. Der Himmel des ewigen Selbst ist die Wahrheit. Ob das Leben nun Rosen oder Asche für dich bereit hält, das ewige Selbst bleibt die Wahrheit. Vielleicht gefallen dir die Rosen und du hasst die Asche, richtest du aber deine Aufmerksamkeit auf die Wahrheit, offenbart sich eine Stille, die jenseits von Neigungen und Abneigungen ist.

Indem du dich der Wahrheit zuwendest, erkennst du das an, was keine Erscheinung jemals berührt hat, die Wahrheit deines Selbst. Das bedeutet nicht, dass du die Erscheinungen hassen musst, und auch nicht, dass du sie lieben sollst – du achtest einfach nur auf die Wahrheit. Wahrheit ist ewig. Erscheinungen sind vergänglich. Dieser grundlegende Unterschied ist dir aus deiner alltäglichen Erfahrung bekannt. Daran ist nichts Esoterisches. Es ist sehr konkret. Dinge kommen und gehen. Gedanken kommen und gehen. Gefühle kommen und gehen. Die Reaktionen der Menschen kommen und gehen. Wie du dich selber siehst, deine Einstellungen kommen und gehen. Gut, schlecht, ganz oben, ganz unten, aufregend, langweilig – all das kommt und geht. Wahrheit bleibt – immer gegenwärtig, zugänglich, lebendig und glückselig. Wende dich der Wahrheit zu, und die Erscheinungen sind einfach nur etwas, was ständig kommt und geht. Aber sie kommen und gehen nicht nur, sie sind in Wirklichkeit auch eine Gelegenheit, dir der Wahrheit noch tiefer bewusst zu werden.

Kann die Wahrheit dann nicht ebenso in den Erscheinungen gefunden werden? Sind sie nicht ein und dasselbe?

Das kannst du nicht sagen, solange du nicht wirklich erkannt hast, dass Erscheinungen nichts sind. Du benutzt nur ein spirituelles Konzept, um zu rechtfertigen, dass du Erscheinungen nachläufst, und dann wunderst du dich, warum du immer noch leidest. Vergiss es!

»Ein« ist schon zu viel und »dasselbe« ist lächerlich. Es macht noch nicht einmal Sinn. Halte dich an das, was sich nie bewegt.

Spirituelle Wahrheiten für egoistische Interpretationen zu benutzen, das ist einer der Tricks des Verstandes. Ich sehe das an sehr erschütternden Beispielen. Vergiss das Konzept *»alles ist eins«,* denn wenn du daran festhältst, dann dient es dir als Rechtfertigung für dein Interesse an den Erscheinungen, und das ist die Falle.

Vergiss alles, und in dem Moment siehst du, was wirklich von Dauer ist. Dem schenke deine Aufmerksamkeit. Dem gib deinen Verstand hin, und er wird nicht mehr rastlos sein. Die Rastlosigkeit des Denkens entsteht, wenn es sich nur den Erscheinungen widmet. Dem stillen Verstand eröffnet sich die tiefste Einsicht auf natürliche Weise, weil sie sich auf das bezieht, was bereits vorhanden ist. Es ist dein Interesse an den Erscheinungen, das dich übersehen lässt, was du bereits besitzt und was du in den Erscheinungen zu finden hofftest.

Es geht um einen radikalen, unsentimentalen Schnitt. Das Bedürfnis nach diesem einschneidenden Schritt ist der Grund, warum sich die Menschen aus der Welt der Erscheinungen zurückziehen, um traditionell als Sadhu, als Eremit oder als Mönch zu leben. Doch die Welt der Erscheinungen, die du verlassen musst, ist die Welt in deinem eigenen Denken. Zieh dich nur für einen Augenblick zurück von deinen Interpretationen, deinen Vorurteilen, deinen Bewertungen, und sieh, was sich dir zeigt. Dann erst ist es dir möglich, wirklich frei zu wählen und eine klare Absicht zu haben. Dann kannst du dich fragen: *»Was ist es, was ich wirklich will?«*

Ich garantiere dir, dass viele Menschen den Erscheinungen den Vorzug geben, sie werden weiß Gott wie viele Leben damit verbringen, noch mehr Dingen und noch mehr Erfahrungen nachzujagen. Wenn du aber die Wahrheit willst, dann nimm dir einen Moment Zeit und lass all das los, von dem du dachtest, es würde dir Erfüllung geben. Erfahre, was bereits hier ist. Dann, und nur dann, hast du eine wirkliche Wahl. Entweder du sagst: »Ich wähle ganz klar nur die Wahrheit« oder du sagst: »Ich wähle die Erscheinungen«.

In dem ganzen Prozess scheint es nur um die Hingabe an das, was ist, zu gehen.

Wenn du die Erscheinungen *»das, was ist«* nennst, und dich ihnen hingibst, dann hast du dir einen schlechten Dienst erwiesen. Erscheinungen kommen und gehen in dem, was ist. Um dich dem hinzugeben, was ist, musst du zuerst entdecken, was das ist. Verstehst du? Was *ist,* ist Wahrheit – beständige, ewige, unveränderliche Gegenwart.

Dieses Missverständnis ist sehr verbreitet: *»Ich nehm's einfach, wie es kommt«.* Im Namen der Freiheit, im Namen der Wahrheit, im Namen der freien Entscheidung haben wir lange genug damit experimentiert. Aber eigentlich hat es bedeutet: *»Ich will tun können, was mir gefällt«.* Das ist nicht, was *ist.* Was *ist,* ist unveränderlich. Alle Erscheinungen gehen daraus hervor, sie sind niemals davon getrennt und kehren wieder dahin zurück. Doch die tragische Krankheit eines Lebens, das von Konditionierungen beherrscht ist, hat dazu geführt, dass wir uns ausschließlich den Erscheinungen zugewandt haben, und daraus entsteht unnötiges Leid.

Das vermeidbare Leid kann beendet werden, aber es ist kein leichter Weg. Es bedeutet, dem »Ich« die Aufmerksamkeit zu entziehen und die Wahrheit des *Seins* zu erkennen. Nur wenn die Wahrheit verwirklicht wird, sind die Erscheinungen kein Problem mehr.

Dich nur einen Augenblick dem Sein hinzugeben, statt den Erscheinungen, bedeutet eine echte Möglichkeit der Entscheidung. Es bedeutet nicht, dass du weniger das was *ist* bist, wenn du dich dafür entscheidest, deinem Denken zu folgen. Vielleicht gefällt es dir zu leiden. Vielleicht magst du das Drama lieber als den Frieden. In bestimmten Phasen ist das in Ordnung. Aber jetzt ist der Zeitpunkt gekommen, an dem es möglich ist, dich für die Wahrheit zu entscheiden – für die dauerhafte, ewige, unveränderliche Wahrheit.

Was ist es,
was du verteidigst?

Ich werde oft gefragt: Wie gebe ich mich hin, wie werde ich still? Hingabe und Stille sind in Wirklichkeit eins. Dabei gibt es kein »Wie«. Das »Wie« bezieht sich nur auf die Art und Weise, wie sich der Verstand festklammert, wie er sich wehrt. Das ist ein sehr wichtiges »Wie«, denn wenn du verstehst, *wie* der Verstand an etwas festhält, *wie* er dieses Festhalten verteidigt, dann liegt die Hingabe darin, das Festhalten einfach aufzugeben. Die Einsicht, *warum* du etwas verteidigst, kommt dann ganz von alleine. Du brauchst nicht nach »Warums« zu suchen, die Gründe werden sich zeigen.

Die Herausforderung liegt darin, dir ehrlich die Frage:» *Was will ich verteidigen? Was will ich schützen?*« zu beantworten. Dann kannst du entscheiden. Es ist nichts falsch daran, etwas verteidigen oder schützen zu wollen, und es bedeutet auch nicht, dass du nicht das Selbst bist, dass du nicht in den Himmel kommst oder die nicht-duale Verwirklichung niemals erreichen wirst. Es hat überhaupt nichts zu bedeuten. Das ist der Witz dabei. Dein Bemühen, dein Interesse und deine Aufmerksamkeit geben dem, was du verteidigen willst, nur eine falsche Bedeutung.

Ich spreche dabei nicht vom Körper. Dein Körper braucht Schutz. Solange er da ist, schütze ihn so gut du kannst. Gib ihm Kleidung, Nahrung und ein Dach über dem Kopf. Wenn der Körper krank ist, gib ihm Ruhe und Medikamente. Das, worüber ich spreche, liegt dir viel näher als dein Körper. Es hat eine imaginäre Mauer des Schutzes und der Verteidigung errichtet, und die Tragik dieser Mauer ist, dass sie dich von der Verwirklichung deines wahren Selbst trennt.

Zu untersuchen, was der Verstand verteidigen will, ist eigentlich gleichbedeutend mit der Frage »Wer verteidigt etwas?«. Mir ist aufgefallen, dass die Frage »Wer?« oft einen Sprung über die Verteidigungsmauer hinweg in das nicht-duale Verstehen auslöst, aber zehn Minuten später, eine Stunde, einen Tag oder einen Monat später stellt sich wieder die Erfahrung des Leidens ein. Um den Sinn dieser Mauer zu verdeutlichen, möchte ich tiefer darauf eingehen. Was ist es, was die Mauer verteidigen soll?

Du musst die Mauer nicht einreißen. Du brauchst noch nicht einmal zu sehen, dass die Mauer eine Illusion ist, dass das, was sie verteidigt, eine Illusion ist, dass selbst derjenige, der etwas verteidigen will, eine Illusion ist. All das ist die Wahrheit, doch im Moment genügt es ehrlich zu sein und dir einzugestehen, was genau du auf der relativen Ebene verteidigen oder schützen willst. Denn darum drehen sich alle Aktivitäten deines Denkens, seine Strategien und Pläne, sein Verlangen, etwas zu bekommen oder etwas zu vermeiden. Die Wurzel dieser Aktivitäten ist das Bedürfnis, irgendetwas verteidigen oder schützen zu wollen.

Vergessen wir für einen Moment, dass derjenige, der etwas verteidigen will, gar nicht real ist, obwohl er in Wirklichkeit absolut nicht existiert. Vergessen wir, dass die Mauer nicht real ist, obwohl auch sie in Wirklichkeit nicht existiert. Wir müssen zuerst verstehen, was genau verteidigt werden soll, denn erst dann kann der Verstand loslassen, kann er ungeschützt sein, kann er still sein. Still sein bedeutet *ungeschützt zu sein. Punkt.*

Die Wetter-Theorie
der Gefühle

Sobald es um unsere Gefühle geht, leben wir immer noch in Zeiten des Aberglaubens, dabei betrachten wir uns selbst als aufgeklärt und realistisch und schreiben den Aberglauben anderen Epochen unserer Geschichte zu. Zeiten, in denen die Menschen glaubten, dass Gott sie verlassen habe, wenn sie eine Sonnenfinsternis erlebten. Sie schrien: »Was haben wir getan? Was sollen wir tun, um die Finsternis zu vertreiben?« Sie vollzogen ihre Rituale und die Finsternis verging wirklich, die Sonne kam wieder zum Vorschein und die Menschen waren glücklich und erleichtert. Um zu verhindern, dass die Finsternis zurückkommt, wurden die gleichen Rituale immer wieder vollzogen. Wenn dann tatsächlich eine neue Sonnenfinsternis kam, mussten noch mehr Rituale erfunden werden.

Es fällt uns leicht, den Aberglauben der Vergangenheit zu sehen, doch oft sind wir blind gegenüber dem Aberglauben, der unser Verhalten auch heute noch bestimmt. Ein Beispiel dafür zeigt sich in unserer Beziehung zu unseren Gefühlen. Gefühle werden häufig festgehalten, als seien sie Zeichen Gottes, entweder Zeichen des Segens oder der Vertreibung aus dem Paradies. Diese abergläubische Beziehung ist die Ursache vieler Ausprägungen des Leidens.

Zum Beispiel kommt vielleicht Angst hoch, die ein Teil unserer genetischen Veranlagung ist, um unser Überleben zu sichern. Weil wir psychologisch gebildet sind und viele Bücher gelesen haben, die uns einreden, dass die Angst Liebe verhindert, betrachten wir die Angst als Problem. Wir verwenden viel Zeit und Energie darauf, die Angst loszuwerden. Das ist abergläubisches Verhalten. Wir wollen uns von den sogenannten negativen Emotionen befreien, also haben wir ausgeklügelte psychologische oder meditative Techniken, verschiedene Fluchtmöglichkeiten entwickelt, um mit ihnen zurechtzukommen. All diese Techniken beruhen auf dem Aberglauben, dass die Gefühle eine wirkliche, tiefe Bedeutung haben, anstatt sie einfach als unterschiedliche Wetterlagen zu betrachten. Wenn ein Sturm aufkommt, kann es sehr ungemütlich werden, er wird einige Schäden anrichten, manches wird zerstört sein, doch der Sturm geht vorüber.

Wenn Wut, Angst oder Verzweiflung hochkommen, ist das eine Gelegenheit, einfach still zu sein, das heißt, mit diesen Gefühlen keine Beziehung einzugehen, sie nicht auszuagieren, sie nicht zu verdrängen, sondern einfach *in* dem Gefühl still zu sein und eine wunderbare Entdeckung zu machen.

Die Sonne selbst ist niemals verdunkelt. Wenn du von der Sonne entfernt bist und sich zwischen Erde und Sonne eine Wolke schiebt oder sogar der Mond, dann scheint es so, als ob die Sonne verdunkelt ist, aber von der Sonne aus gesehen scheint ihr Licht ununterbrochen.

Wie wäre es, wenn den Gefühlen ihre Bedeutung, ihre Wichtigkeit entzogen würde? Wo bliebe dann deine ganze, vertraute Identität? In der Subkultur, der du möglicherweise angehörst, werden Gefühle vielleicht als Beweis von Tiefe angesehen. Wenn man sie mit Abgestumpftheit vergleicht, dann hat die emotionale Erfahrung sicher mehr Tiefe, aber in unserer Arroganz halten wir unsere Gefühle und Leidenschaften für unsere tiefste Wahrheit. Deine Leidenschaften auszuagieren, dich mit ihnen zu identifizieren oder sie zu dramatisieren, lenkt dich in Wirklichkeit von der wahren Leidenschaft ab – vom Ruf in jene Tiefe, in der es kein *Ich* gibt.

Ich meine damit nicht, dass du deine Gefühle nicht empfinden sollst, sondern ich schlage dir vor, deine Gefühle bis in ihren Kern zu erfahren. Wenn ich »erfahren« sage, meine ich nicht, sie auszuagieren. Gefühle auszudrücken, kann seinen Wert haben, aber hier sprechen wir von der unmittelbaren, von der vollständigen Erfahrung. Abergläubische Menschen erfahren starke Phänomene selten unmittelbar und vollständig.

Vielleicht hat einer unserer Vorfahren die Sonnenfinsternis einfach erlebt, ohne etwas dagegen zu unternehmen. Er hätte dem Rest der menschlichen Familie zurufen können: »Es hat nicht viel zu bedeuten. Wirklich nicht! Es geht von selbst wieder vorbei.«

Wenn du bereit bist, deine Emotionen vollständig zu erfahren, ob Zorn oder Glück, Angst oder Mut, wirst du die Entdeckung machen, dass sie in Wirklichkeit noch nicht einmal existieren. Vollständig das zu erfahren, was du denkst zu sein, wird dich zu der Entdeckung führen, dass auch das in Wirklichkeit gar nicht existiert. Wir nehmen nur an, dass es existiert und diese Annahme wird von bestimmten Empfindungen untermauert und von der Bedeutung, die wir diesen Empfindungen geben. Anstatt in die Tiefe der Erfahrung einzutauchen, hält es dich an der Peripherie gefangen, an der Oberfläche.

Hast du erst einmal erkannt, dass die Gefühle, die sensorischen Erscheinungen in Wirklichkeit nicht das sind, was du dachtest, dass der Gedanke oder dieses Phänomen, das wir »Ich« nennen, nicht die Wirklichkeit ist, an die du glaubtest, dann entdeckst du, was wirklich existiert, was Sein *ist*. Was für eine Entdeckung! Welches Phänomen auch immer in Erscheinung treten mag, du erkennst, dass es *nichts* ist und ein *Nichts* muss weder verteidigt noch geleugnet oder ausagiert werden.

Der sinnvolle Umgang
mit Emotionen

A ls ich dich das letzte Mal sah, habe ich den Wunsch geäußert, dass mein »Ich« in Flammen aufgehen möge. Seitdem machte ich mehrmals die Erfahrung, vom Feuer verzehrt zu werden. Vor einigen Tagen bin ich mitten in der Nacht aufgewacht und hatte zum ersten Mal in meinem Leben richtige Angst. Zuerst fing ich an, darüber nachzudenken: »Woher kommt die Angst? Hat sie ihre Ursache vielleicht in einer vergangenen Inkarnation? Gibt es eine Erklärung dafür?« Dann aber ließ ich die Angst einfach zu, Welle für Welle. Irgendwann hatte ich das Gefühl, durch sie hindurchzufallen. Ich blieb einfach still, während sie durch mich hindurchströmte.

Und was ist heute Morgen deine Erfahrung?

Die Angst kommt und geht, aber ein Teil von mir bleibt unberührt von ihr.

Was für ein Teil ist das?

Er ist das, was hier ist, wenn die Angst auftaucht, und auch hier ist, wenn die Angst verschwunden ist.

Also gibt es einen Teil, der von der Angst unabhängig ist, etwas, das bleibt, ob nun Angst da ist oder nicht?

Ja.

Wenn Angst da ist, erlebst du sie dann unabhängig von diesem Teil?

Nein. Die Angst ist ein Teil dessen, was beobachtet und erfährt.

Die Angst ist also ein Teil der Totalität, die immer vollständig bleibt, ob nun Angst da ist oder nicht?

Ja.

Sehr gut. Im Buddhismus gibt es den nützlichen Begriff der »rechten Einsicht«. Rechte Einsicht führt zum richtigen Umgang mit den Gefühlen. Der richtige Umgang mit Angst bedeutet, ihr bewusst und ohne Widerstand zu begegnen. Die Angst offenbart dann ganz natürlich das, was immer ungeteilt ist, das, was bleibt, wenn Vorübergehendes vorübergegangen ist. Sie führt dich auf ganz natürliche Weise zu Einsichten, die keine Theorie sind, nichts, was du irgendwo gelernt hast, sondern zu einer unmittelbaren Erfahrung.

Ich spreche viel über den sinnvollen Umgang mit den Emotionen, weil sie Teil unseres Lebens sind und wir uns oft von ihnen überwältigt fühlen. Unsere ganze Kultur hat eine emotionale Färbung. Wir sind nicht mehr gezwungen, unsere gesamte Energie auf das Überleben des Körpers zu richten, und so sucht sich die gewaltige Menge frei gewordener Energie einen anderen Weg, sich auszudrücken. In unserer Kultur sind das die Gefühle. Einige Gefühle möchten wir gerne loswerden und andere wollen wir behalten, und gerade durch dieses

Muster, zwischen Wunsch und Vermeidung zu pendeln, schaffen wir innere Barrikaden und damit Leid.

Wir hängen an dem Aberglauben, dass wir Angst oder Panik nicht aushalten können und wir verwenden viel Energie darauf, diese Gefühle unter Kontrolle zu halten. Doch manchmal, im Dunkel der Nacht oder bei unvorhersehbaren Ereignissen, wird uns klar, wie fadenscheinig diese Barrikadierung eigentlich ist.

Rechte Einsicht führt zu der Fähigkeit, die Quelle des Schreckens bewusst zu erleben und sich dieser Erfahrung zu stellen. Das ist die Erfahrung, von der du gerade berichtet hast. Sich bewusst allem zu stellen, was auftaucht, bedeutet Erwachen, denn die direkte, vollständige Begegnung offenbart das Selbst. Sie offenbart das, was *ist*. Allem so vollständig zu begegnen, welche Erfahrungen es auch sein mögen, zeigt dir, dass sie in DEM erscheinen und vergehen, was allem offen ist, was unveränderlich bleibt.

Ich bin glücklich, diesen Bericht darüber zu hören, wie man sich bewusst allem stellt, wovor uns der Verstand schützen möchte. Diese Begegnung führt dich in die Stille – Stille begegnet der Stille. Sie vermittelt die Offenbarungen, Einsichten und Erkenntnisse, die das Ziel aller spirituellen Bemühungen sind.

Du bist schon vollkommen

ein Problem ist, dass ich nicht weiß, was es bedeutet zu leben, ich existiere nur.

Das ist nicht dein wirkliches Problem. Dein Problem liegt darin, dass du denkst, du wüsstest, wie dein Leben aussehen sollte, und dann strebst du danach, dein Leben diesen Gedanken entsprechend zu gestalten. Ich habe vor ein paar Tagen einen herrlichen Witz gelesen: »Weißt du, wie du Gott zum Lachen bringen kannst? Erzähl ihm deine Pläne!« Das ist wirklich ein guter Witz. Deine Vorstellung, zu wissen, wie das »Leben« aussehen könnte, ist das einzige Problem, als ob es eine Art Gebrauchsanleitung gäbe, an die du dich halten kannst.

Ich werde geboren, existiere und habe ein Leben. Wenn mein Leben von einer Krankheit völlig verändert wird und ich mich in einem Körper wiederfinde, der mir fremd und unbeholfen erscheint, dann beginnt mein innerer Kampf, zu sein, wer ich bin, wieder von Neuem.

Wer bist du?

Ich habe mich verloren.

Ja, deine Beschreibung zeigt genau, wie du verloren gegangen bist. Es begann damit, dass du glaubtest, ein Körper zu sein, der geboren wurde, der anfällig für

Krankheiten und Schmerzen ist, so wie alle Körper. Das ist die Natur des Lebens zwischen Geburt und Tod. Dann hast du dich völlig darin verloren, dich für »jemanden« zu halten, der geboren wurde. Was du in Wahrheit bist, wurde nie geboren. Seine Existenz hängt nicht davon ab, geboren zu werden. Es ist das, woraus alles geboren wird, was noch vor jeder Geburt ist. Das ist es, was du bist. Du findest dich in dem Moment, in dem du das erkennst, und dann wirst du ausrufen: »Ich war nie verloren! Ich habe mir nur eingebildet, ich sei in einem Körper eingeschlossen und habe verzweifelt nach einem Ausweg gesucht.«

Du bist *hier*. Wer immer du glaubst zu sein, du bist hier. Glaubst du, ein Körper zu sein – du bist hier. Glaubst du, Gott zu sein – du bist hier. Glaubst du, wertlos zu sein, etwas Besseres oder ein Nichts zu sein – du bist immer noch hier. Ich mache dir den Vorschlag, alle Vorstellungen fallen zu lassen – *hier*.

Solange du versuchst, dich in deinen Gedanken zu finden, wird es Verwirrung geben. Du kannst dich dort nicht finden. Du hast manchmal gute und manchmal schlechte Gedanken, einige zeugen von Offenheit, andere von Verschlossenheit, aber *du bist* vor allen Gedanken. Richte deine Aufmerksamkeit einfach auf das, was vor allen Gedanken da ist. Dazu musst du nirgendwohin gehen. Was vor allen Gedanken existiert und niemals geboren wurde, bleibt unberührt vom Kommen und Gehen, vom Erscheinen und Vergehen. Es ist das, was immer gegenwärtig ist, vor allen Gedanken, während aller Gedanken, nach allen Gedanken. Vor der Verwirrung, mitten in der Verwirrung und nach der Verwirrung findest du immer die Ewigkeit.

Ab einem bestimmten Punkt in deinem Leben bist du reif genug, die Vorstellung fallen zu lassen, dass dein intellektuelles Verständnis oder deine Gedanken dich zu deinem wahren Selbst führen können. In welcher Verwirrung du dich auch gerade befindest, welche Gedanken dich auch gerade beherrschen, du wirst nicht mehr in deinem Verstand nach der Lösung suchen. Dieser Augenblick ist jetzt. Jetzt bedeutet nicht Gegenwart. *Jetzt* bedeutet das, was vor Vergangenheit, Gegenwart und Zukunft ist.

Meinst du, es ist einfach nur?

Ja. Ich meine damit, dass *du bist*. Bevor dein Körper geboren wird, nachdem dein Körper gestorben ist und während dein Körper existiert – immer *bist du*. Es wird dir aber keine Befreiung bringen, das nur intellektuell zu verstehen, denn es geht nicht um intellektuelles Verständnis, sondern um Verwirklichung. Solange du dich der Verwirklichung mit dem Verstand zu nähern versuchst, kann Verwirklichung nicht geschehen. Viele glauben, dass es schon damit getan wäre, die richtigen Gedanken zu denken, wie »*Ich bin Gott*« oder »*Ich bin frei*« oder »*Ich bin schon erleuchtet*« oder »*Ich bin Das*«. Solche Aussagen kann man *nach* der Verwirklichung machen. Verstehst du das?

Ich glaube, ja. Bin ich nur so durcheinander, weil ich versuche, mich durch meine Gedanken zu heilen?

Ja, weil du versuchst, etwas zu heilen, was von Natur aus schon heil und ganz ist. Das ist deine Verwirrung.

Die Ärzte haben mir gesagt, dass ich mich selbst heilen kann, und jetzt hoffe ich, dass es vielleicht doch möglich ist.

Du beziehst dich immer noch auf deinen Körper, wenn du von dir sprichst. Körper können letzten Endes nicht geheilt werden. Die eine oder andere Krankheit kannst du vielleicht heilen, aber irgendwann wird eine andere Funktion versagen. Schlussendlich zerfällt jeder Körper.

Gut. Was ich versuche zu sagen, ist, dass die Blockierung sich nicht auf den Körper bezieht, sondern es ist der Schmerz, der mich blockiert.

Nein, nicht dein Schmerz blockiert dich. Es ist deine Beziehung zum Schmerz, der Gedanke: »*Ich will diesen Schmerz nicht haben.*« Dieser Gedanke kann nur entstehen, weil du glaubst, dein Körper zu sein. Du glaubst, dass die Erfahrungen durch deine Sinne etwas mit *dir* zu tun haben, als ob das zerrissen, durchlöchert oder zerschmettert werden könnte, was du wirklich bist. Das ist es, was »bedingte Existenz« genannt wird, und das möchtest du heilen, um es irgendwie wieder ins Lot zu bringen.

Jeder Versuch, meine Energie zu beeinflussen, konfrontiert mich mit mehr Chaos, mehr Blockierungen, mehr Prüfungen und mehr Kampf.

Was wäre, wenn du in diesem Augenblick einmal nicht versuchst, irgendetwas zu ändern? Gibt es dann ein Problem?

Na ja, heute ist der erste Tag seit vier Jahren, an dem ich in der Lage gewesen bin, entspannt auf dem Boden zu sitzen und zu meditieren. Wenn ich früher meditiert habe, wurde mir heiß und ich musste husten und hatte das Gefühl, damit verpfusche ich meine Meditation. Aber dann entspannte ich mich einfach und es war, als ob ich von einer sanften Brise gestreift würde.

Du sprichst immer noch von deinem Körper. Körper sind angenehmen und unangenehmen Erfahrungen ausgesetzt, sie können verletzt, durchbohrt oder zerstückelt werden und sterben.

Ich spreche nicht vom Körper. Wenn ich von *dir* spreche, dann meine ich DAS, was nicht verletzt werden kann, weil es kein »Etwas« ist. Ich meine DAS, was nicht zerstückelt werden kann, weil nichts von ihm getrennt sein kann. Solange du dich mit deinem Körper identifizierst, wirst du leiden. Du wirst zwar auch Freude empfinden, aber ebenso Leid. Hör mal einen Moment lang auf, irgendetwas ändern zu wollen, etwas festzuhalten, etwas abzulehnen. Siehst du? Du hast gerade einen Geschmack davon bekommen und den Frieden gespürt.

Der Körper wird sich auflösen. Du weißt das. Einige Körper fangen früh damit an, andere später. Auch bei den Pflanzen und Tieren sind einige gesund und vital, andere nicht. Das liegt einfach in der Natur aller Formen. Doch wer du *bist,* kann sich niemals auflösen.

Ich will damit nicht sagen, dass du nicht für deinen Körper sorgen sollst. Ich weise nur darauf hin, dass du dich nicht wirklich um deinen Körper kümmern kannst, solange du nicht erkennst, dass die Sorge um deinen Körper nichts mit dem zu tun hat, was du bist.

Zuerst verwirkliche, was du wirklich bist, ob du dich danach um deinen Körper kümmerst oder nicht, spielt eine untergeordnete Rolle. Bevor du nicht erwacht bist, unterliegst du der Täuschung, durch die Sorge um deinen Körper Glück zu finden.

Mein Körper ist mir im Weg, weil ich mich gerne ausgeglichen und zentriert fühlen möchte. Die Schmerzen scheinen das zu verhindern und deshalb gerate ich ins Chaos ...

Solche Gedanken tragen nur noch mehr zu deiner Verwirrung bei. Sie sind nichts als Vorstellungen. Lass sie alle los. Versuche nicht, etwas zu ändern oder festzuhalten, und leiste keinen Widerstand. Was bleibt dann noch?

Angst.

Angst? Wo? Wo ist sie?

Sei jetzt ehrlich. In dem Moment, als du nach der Angst gesucht hast, was hast du entdeckt? Lüg mich nicht an, sonst werf ich dir etwas an den Kopf.

(Lacht) Du machst mir noch mehr Angst!

Ich sehe keine Angst. In dem Augenblick, als du nach ihr gesucht hast, war keine Angst da. Nichts war da – weil du unvoreingenommen untersucht und gefragt hast. Um die Angst zurückzuholen, musstest du sie erst wieder aufbauen. Du hast bestimmt gedacht: *»Das kann doch nicht so einfach sein«*. Doch, es ist so einfach!

Bleib jetzt still. Sei offen. Fang nicht wieder mit der Geschichte an, was deiner Meinung nach sein soll und was nicht, nach dem Motto: *»Wenn ich das nur in Ord-*

nung bringen könnte, dann würde alles andere auch ins Lot kommen«. Diese Art zu denken ist wie eine Sucht, sie ist die Krankheit des Verstandes und sie lenkt dich nur ab von dem, was immer heil und ganz ist. Du *bist* das, was immer heil und ganz ist.

Wenn du das erkannt hast, dann kannst du für deinen Körper sorgen. Dann kannst du dich um die Erde, um deine Brüder, Schwestern, Eltern, Kinder, um deinen Geliebten kümmern. Aber zuerst erkenne, wer du bist. Andernfalls ist dieses Sorgetragen nur ein Versuch, Gesundheit und Ganzheit einem Idealbild entsprechend zu kreieren. Das funktioniert nicht. Wahrscheinlich hast du schon bemerkt, dass es nicht funktioniert. Es ist das Werk des Teufels, das Werk Luzifers. Mit Teufel ist die Tyrannei des Verstandes gemeint.

Kennst du die Geschichte von Luzifer? Luzifer hatte seinen Platz an der Seite Gottes verlassen, um sein eigenes Reich zu gründen, um selber über Sein und Nichtsein zu bestimmen. Das ist wirklich die Hölle. Erst nachdem Luzifer endlich zu Gott zurückkehrte und wieder zum Diener Gottes wurde, machte er seinen Namen wahr – Engel des Lichts. Wenn der Verstand erkennt, dass er nur ein Diener Gottes ist, erst dann ist er wirklich nützlich.

Wie aus nichts
ein »Etwas« wird

Vor kurzem unterhielt ich mich mit jemandem, der eine leidvolle Phase durchgemacht hatte. Während unserer Unterhaltung sagte die betreffende Person mehrmals: *»Ich weiß, dass es nichts zu bedeuten hat, dass es eigentlich ›nichts‹ ist«.* Das ist zwar die Wahrheit, es ist tatsächlich nichts, doch es war offensichtlich, dass diese Person das nicht wirklich erkannt hatte. Um die unmittelbare Erkenntnis zu vermeiden, wiederholte sie ständig das Mantra: *»Ich weiß, dass es nichts zu bedeuten hat. Es spielt keine Rolle, denn eigentlich ist es nichts. Nichts geschieht wirklich«.* Die Gefahr ist, dass die Wahrheit durch den Verstand entstellt und damit zu einem neuen Abwehrmechanismus gemacht wird. Das kann auch dir passieren, also sei dir dieser Gefahr bewusst. Es ist vollkommen sinnlos zu sagen, dass Leiden »nichts« ist. Auch die bloße Erinnerung an eine Erfahrung, die diese Wahrheit offenbart hat, ist wertlos. Geh einfach mal davon aus, Leiden sei »etwas«. Nimm an, es sei real und dann schau genau hin, was ist es in Wirklichkeit?

Die häufigste Strategie, mit etwas Unangenehmem umzugehen, von seiner leichtesten Form bis hin zum Extrem, liegt darin, entweder zu flüchten oder zu verdrängen. Das kann viele Formen annehmen, und du kennst sie alle gut. Zuerst suchst du nach einem Schuldigen. Du gibst entweder dir selbst die Schuld oder den anderen oder der Welt an sich. Eine andere Variante ist die Rechtfertigung. Du erfindest Gründe, um dein Leid und deine Negativität zu rechtfertigen, und verleihst diesen Gründen besonderes Gewicht und Bedeutung. In der Verleugnung des Leidens tust du so, als ob alles in Ordnung wäre, während du dich in Wahrheit in einer Art von dissoziierter Trance befindest. Du läufst versteinert herum und behauptest: *»Es ist eigentlich alles in Ordnung«*.

Diese Strategien haben in der Entwicklung des individuellen Bewusstseins alle ihren Wert. Manchmal geschehen Dinge, die für einen unreifen Geist einfach zu viel sind, also werden Strategien entwickelt, um damit zurechtzukommen. Nichts ist falsch daran. Es gibt Zeiten und besondere Umstände, wo sie durchaus angemessen sind. Doch irgendwann im Laufe der menschlichen Entwicklung kommt schließlich ein Moment, in dem der Wunsch nach Wahrheit erwacht und dieser Wunsch ist es, der am Ende die Sinnlosigkeit aller Strategien aufdeckt. Deine Reife lässt dich erkennen, dass du dem Leiden nicht entgehen kannst, indem du es überspielst, leugnest, ausagierst oder anderen die Schuld gibst. Endlich begreifst du, dass du dein Leid nur noch vergrößerst, wenn du es durch deine Vermeidungsstrategien zu umgehen versuchst und ihm damit noch mehr Gedanken, mehr Geschichten und mehr Gefühle widmest. Dann bist du vielleicht gründlich desillusioniert, dem Leiden nicht entgehen zu können. Desillusionierung bedeutet aber auch, dass du nun die Chance hast, dein Denken zu öffnen und zu entdecken, dass du dem Leiden unmittelbar und vollständig begegnen kannst. Wenn du dich wieder in einer leidvollen Situation befindest, liegt die Herausforderung darin, dem Leiden ganz frei von jeder vergangenen Erfahrung zu begegnen. Sich dem Leiden ganz offen zu stellen heißt, bewusst zu leiden. Bewusst zu leiden bedeutet, sich von der Tendenz zur zwanghaften Vermeidung zu befreien. Was Leiden wirklich ist, kannst du nur letztlich verstehen, wenn du dich von diesem Zwang befreit hast.

In einer echten Begegnung geschieht eine Explosion der Klarheit, der Liebe und der Wahrheit. Die wahre Natur des eigenen Seins offenbart sich in der Begegnung zwischen Lehrer und Schüler, in der Begegnung zwischen Freunden, Geliebten, Eltern und Kindern und in der Begegnung des Verstandes mit dem Leid. Machst du dir aber eine Vorstellung, was dir die nächste Begegnung bringen wird, dann ist eine echte Begegnung nicht mehr möglich, weil sie nun von der Vergangenheit bestimmt wird, und damit vermeidest du erneut das Leid. Zuerst nimmst du es kaum wahr, aber sobald sich Verdrängung, Rechtfertigung und Schuldzuweisung einschleichen oder die Vorstellung, dass Leiden »nichts« sei, macht es sich wieder deutlich bemerkbar.

Es ist eine Gratwanderung, denn solange wir einen Körper haben und in der Welt der Erscheinungen leben, wird der Verstand unser Begleiter sein. Körper und Verstand sind untrennbar verbunden. Der Verstand kann friedvoll, offen, sattvisch, bejahend und forschend sein oder verschlossen, gespalten, vorwurfsvoll und berechnend. Deine Chance liegt in diesem Leben darin, dir selbst gegenüber aufrichtig einzugestehen, was in deinem Verstand vor sich geht.

Sei dir bewusst, dass dein Denken versuchen wird, die Aussagen spiritueller Lehren aufzugreifen und sie in Strategien, Rechtfertigungen oder andere Vermeidungsmechanismen umzumünzen. Daran ist nichts verkehrt, es geht auch nicht darum, dass der Verstand etwas Schlechtes oder Falsches ist. Es ist einfach seine Natur, und im Grunde ist sie sehr sinnvoll, weil sie uns demütigt. Demut ist das Gegenmittel für jegliche Arroganz, für die Gefühle der Überlegenheit oder deine Versuche, dich an einen Ort zurückzuziehen, wo dich nichts berühren kann. Nur wenn du bereit bist zu fühlen und fähig zu sagen: »Das berührt mich, es tut mir weh, was ist das?«, kannst du Das erkennen, was immer unberührt bleibt, vorher nicht. Alles, was du vorher sagst, kommt aus der Trickkiste des Verstandes und er ist ein Meister, was seine Tricks angeht. Wenn du gerne mit harten Bandagen kämpfst, dann wirst du deinen Spaß haben, und es scheint ja so zu sein, dass du an rauen Spielen deinen Spaß hast.

Von dir ist Wachsamkeit und die rückhaltlose Bereitschaft gefordert, aufrichtig zu sehen, womit du dich identifizierst, welche Geschichte in deinem Verstand gerade abläuft. Solange du immer wiederkehrende, starke Gefühle erlebst, musst du dir eingestehen, dass eine Geschichte mit im Spiel ist, auch wenn du dir über deren Inhalt noch nicht im Klaren bist. Vielleicht läuft deine Geschichte auf der nicht-verbalen Ebene ab, vielleicht ist sie dir nur zum Teil bewusst; das ändert nichts daran, dass es noch eine Leidensgeschichte gibt und auch jemanden, der leidet. In deiner Bereitschaft, ehrlich zu sein, hast du die Chance, sowohl dem Leiden zu begegnen als auch demjenigen, der leidet. Beides ist Selbsterforschung. Selbsterforschung führt dich zu der Erkenntnis, dass weder das Leid noch der Leidende wirklich existieren. Doch das kannst du nur in einer echten Begegnung erfahren, niemals indem du dich an ein Konzept klammerst. Ein Konzept bestärkt lediglich den Glauben an die Realität des Leidenden, indem es ihn leugnet! Die Verharmlosung vergrößert in Wirklichkeit das Leiden immer mehr.

Gefühle sind nicht das Problem, sie sind Bestandteil des Lebens. Wut, Angst, Kummer und Traurigkeit sind vorübergehende Wetterlagen. Doch ein bestimmtes, immer wiederkehrendes Gefühl ist ein Hinweis, dass der Verstand eine Geschichte daraus macht und halbbewusste oder auch bewusste Gedanken zu einem immer dichteren Netz von Gedanken webt.

Das ist die heikelste Herausforderung. Es ist eine spirituelle Herausforderung. Bisher hatten deine Herausforderungen nur damit zu tun, irgendwie durch den Tag zu kommen, irgendwie die Kontrolle zu behalten, irgendwie auszuweichen. Jetzt aber erscheint eine andere Ebene von Herausforderungen: Es geht darum, *keinen* Ausweg zu finden, *nicht* die Kontrolle zu behalten, dir dein Leben *nicht* sicher und gemütlich einzurichten. Es geht um wahre Wachsamkeit.

Die Suche
nach der Stille

Ich habe ein Video von dir gesehen und spürte dabei eine große Klarheit und hatte viele Einsichten. Danach fühlte ich mich tagelang sehr zentriert und der Verstand war still. In der Vergangenheit habe ich viel meditiert und ich habe irgendwie die Vorstellung, dass Erleuchtung oder Wahrheit bedeutet, einen stillen Verstand zu haben. Aber im Augenblick scheint Meditation bei mir nicht mehr zu funktionieren. Wenn ich mich hinsetze, um zu meditieren und mir die Frage stelle: »Wer meditiert?«, dann passiert einfach nichts.

Was passiert nicht?

Es ist einfach nicht befriedigend. Ich habe bisher Transzendentale Meditation und andere Techniken praktiziert und ich sehe, dass meine Meditation immer noch etwas mit dem Denken zu tun hat.

Nach meinem Verständnis bedeutet das Wort Meditation: No-Mind, d.h. nicht im Verstand zu sein. Meditation geschieht in dem Moment, in dem erfahren wird, dass der leere Geist die Quelle aller Erscheinungsformen des Geistes ist.

Ich habe im Laufe des Tages öfter Momente dieser Er-
fahrung, doch normalerweise verliere ich mich in meinen
Gedanken.

Verlierst du dich wirklich? Oder ist der Gedanke:
»*Ich verliere mich in meinen Gedanken*« nur einer von
vielen, denen du Glauben schenkst? Wir gehen immer
von der Annahme aus, dass Gedanken real sind. Über-
prüfe es und finde für dich selbst heraus, bist du wirklich in deinen Gedanken verloren?

Im Augenblick nicht. Aber wenn ich in mein normales
Leben zurückkehre, fängt mein Verstand wieder an, wie ge-
wöhnlich zu rattern und ich denke, er sollte doch still sein.

Ist dieser Gedanke: »*Ich denke, mein Verstand sollte*
still sein?« nicht der lauteste Gedanke von allen? Aber
du misst ihm eine Gültigkeit bei, als ob er eine besondere Bedeutung hätte.

Dem Gedanken, dass ich still sein sollte?

Ja, genau. Du denkst: »*Der Verstand sollte still sein, wa-*
rum ist er nicht still?« und du glaubst, dass dieser Gedanke
eine besondere Autorität hat. Du verlässt die Stille, weil
du an seine Autorität glaubst. Stille ist ganz natürlich
gegenwärtig. Es geht nicht darum, dass sie da sein *sollte*.

Wenn dir der Gedanke kommt: »*Ich verliere mich in*
meinen Gedanken, ich sollte doch still sein,« dann halte
einen Moment inne und hinterfrage deine Behauptung.
Du überprüfst das, indem du fragst: »*Wer verliert sich?*«

Aha, das heißt, wenn sich meine Gedanken überschla-
gen, dann frage ich mich: »Wer hört eigentlich diesem
ganzen Zeug zu?«

Und was findest du?

Niemanden.

Wo ist in diesem Moment das »ganze Zeug« geblieben?

In dem Augenblick gibt es keins. Aber im nächsten Augenblick überschlägt sich der Verstand wieder.

Das stimmt. Gedanken kehren immer wieder, weil wir ihnen viele Leben lang Nahrung gegeben haben. Nicht nur in deinem Leben, auch im Leben deiner Vorfahren, deiner Nachbarn. Im Laufe unserer gesamten kollektiven Existenz sind den Gedanken immer wieder neue Gedanken hinzugefügt worden.

Der Verstand ist nicht unser Feind, er ist eine wunderbare Gabe. Gedanken sind einfach nur Gedanken. Sie sind Produkte unserer Vorstellung, die wunderschön sein können. Gedanken können die Wirklichkeit entweder unter schönen oder hässlichen Schleiern verbergen. Wenn wir sie jedoch genau untersuchen, dann entdecken wir, dass sie nicht vom Bewusstsein getrennt sind. Gedanken sind Bewusstsein, sie sind Ausdruck des Spiels, das das Bewusstsein mit sich selbst spielt. Aber in diesem Spiel glaubt sich das Bewusstsein irgendwann verloren. Diese Vorstellung ist der Beginn einer ganzen Kette von Gedanken, die sich darum drehen, was falsch gelaufen ist und was nun zu tun ist, um das vermeintlich verloren gegangene Bewusstsein wiederzufinden, und das Netz der Gedanken wird immer enger und immer verwickelter.

Die Gedanken fühlen sich an, als ob sie mich einkreisen und mir schließlich die Luft nehmen.

Gut, so fühlt es sich an, aber wenn du den Gedanken untersuchst, was findest du?

Es ist so etwas wie Leere.

Richtig. Diese Tatsache hat überhaupt nichts Esoterisches. Sie hängt nicht davon ab, ob du deine hunderttausend Niederwerfungen gemacht hast, ob du meditierst oder nicht meditierst. Wenn die Natur des Denkens direkt erforscht wird, dann wird die Aufmerksamkeit des Verstandes einfach auf sich gerichtet, auf die Selbsterforschung, anstatt den Gedanken nach außen zu folgen und ihnen immer weitere Gedanken hinzuzufügen.

Wer ist *wirklich* hier? Was ist *wirklich* hier? Was geht *wirklich* vor sich? Nichts kann dieser Untersuchung standhalten – nur das, was kein Objekt ist.

Erreicht man jemals einen Zustand, in dem die Stille deutlicher wahrnehmbar ist als die Gedanken?

Wer will das wissen? Jetzt, in diesem Augenblick, finde den, der das wissen will!

Ich weiß es nicht.

Wenn du deine ganze Aufmerksamkeit auf die Stille richtest, misst du dann noch die Zeit? Gibt es noch jemanden, der sich fragen könnte: *»Bin ich noch da oder nicht?«*

Im Moment nicht. Aber es ist nur in deiner Gegenwart so einfach.

Genau das ist es, worum es in dieser Beziehung geht: dir bewusst zu werden, wie leicht Selbsterforschung ist. Sie ist das Geschenk von Ramana und Papaji. Nimm die Chance wahr, erkenne, wie mühelos und leicht Selbsterforschung ist, und mache endlich Schluss damit, deinen Gedanken zu glauben und sie endlos zu wiederholen. Das bedeutet nicht, Gedanken als falsch hinzustellen oder sie einfach abzuschalten. Es geht darum, endlich die einfache Tatsache zu sehen, dass Gedanken nur Gedanken sind. Was jenseits von Gedanken ist, was kein Gedanke je berühren kann, DAS bist *du*.

Mühelose Erkenntnis

Ich habe bei Ramana gelesen, man könne sich nur im Wachzustand darum bemühen, Selbstverwirklichung zu erreichen. Da kam mir die Frage in den Sinn: » Wer will etwas erreichen?«

Das ist eine sehr gute Frage.

Es kann nicht das Ego sein, denn warum sollte das Ego wohl an seiner eigenen Vernichtung mitwirken?

Ramana sagte auch, alle Anstrengungen, etwas erreichen zu wollen, können nur vom Ego kommen.

(In diesem Moment kracht plötzlich der Holzstuhl, auf dem die Person gesessen hat, und bricht zusammen.)

Du lieber Himmel! Sag was dazu, wenn mir unerwartet der Boden unter den Füßen weggezogen wird. Also, die Frage war ...

Lass uns die Schönheit dieses Augenblicks noch ein wenig genießen! Der ganze Rückhalt des scheinbaren Fragestellers ist einfach zusammengebrochen!

Okay ... hat das Selbst sich also selbst vergessen?

Das Selbst hat sich nur scheinbar vergessen.

Warum hat es sich scheinbar vergessen?

Damit es sich scheinbar wieder erinnern kann.

73

Dann ist das Ganze nur ein Spiel, stimmt's?

Ja! Denn wenn du dich an dein wahres Selbst erinnerst, kannst du in dem Moment sagen, dass du es je vergessen hattest?

Nein.

Richtig.

Dann ist es also wahr, was ich in Ramanas Buch gelesen habe – es gibt in Wahrheit nichts zu verwirklichen? Endlich scheint die letzte Wahrheit einen Sinn zu ergeben. Es gibt weder Schöpfung noch Zerstörung. Es gibt keinen Verstand, keinen Körper und keine Welt, keine Fesseln und niemanden, der gebunden ist. Es gibt weder Befreiung noch gibt es denjenigen, der versucht, diesen Zustand zu erreichen.

Wo liegt dann dein Problem?

Mir kommen Zweifel. Ist es wirklich nur das? Nur das?

Wenn deiner Einsicht, wie du sie gerade beschrieben hast, die Frage folgen kann: »*Ist es wirklich nur das?*«, dann hast du in Wahrheit nichts erkannt. Vielleicht hast du ein gewisses Verständnis, vielleicht drückt sich in deinen Worten die Erinnerung an eine Erfahrung aus, doch die Verwirklichung selbst ist unfassbar und überwältigend. Sie lässt sich durch nichts begrenzen. Zu erkennen, dass nichts im Grunde wirklich existiert, bedeutet keine Entwertung. Wenn alles verschwindet, erscheint die höchste Wahrheit!

Das Denken ist immer auf der Suche nach etwas, womit es sich identifizieren kann, was es aufgreifen kann, und es sortiert alles nach den Richtlinien vergangener

Erfahrungen. Du liest in Ramanas Buch etwas über die Wahrheit, vielleicht schon zum dritten Mal oder auch zum hundertsten Mal, und bringst das mit bestimmten eigenen Erfahrungen in Verbindung. Wenn deine Schlussfolgerung allerdings lautet: *»Ist es wirklich nur das?«*, dann kannst du das Buch beiseite legen. Vergiss alles, was Ramana oder Gangaji oder wer auch immer gesagt hat. Überlass dich dem Abgrund, ohne dich irgendwo festzuhalten, keine Sicherheit, kein Wissen, keine Erleuchtung, kein Körper. Lass alles los. Gott, die Seele, alles, woran du dich seit ewigen Zeiten geklammert hast, hat dich bis zu diesem Punkt gebracht. Nun lass dich durch diesen Punkt hindurchfallen.

Heißt das, alle großen inneren Erfahrungen geschehen durch Gnade, und es gibt nichts, was das Ego dafür tun kann?

Die Wahrheit ist, das Ego hat noch nie irgendetwas getan. Das Ego ist nur ein Gedanke, es ist so etwas wie ein Kleidungsstück, und Kleider sind nicht in der Lage, etwas zu tun. Das Ego ist völlig leblos.

Ein Betrüger also.

Ja, aber ein Betrüger ohne Substanz. Es ist trügerisch, insofern es nur eine Maske, eine Rolle oder ein Schleier ist. Verwechsle das Selbst nicht mit seiner Verkleidung! Es mag so aussehen, als hätte das Ego eine Spur von Lebendigkeit in sich – wie eine Wolljacke, die du lange getragen hast und die fast von alleine steht, wenn du sie ausziehst! Vielleicht denkst du sogar: *»Hilfe, da ist jemand hinter mir her.«* Aber wenn du genau hinschaust, dann stellst du fest: *»Da ist ja gar nichts Lebendiges. Es ist* *nur meine Wolljacke, nur ein Kleidungsstück. Sie sieht nur so lebendig aus, weil ich sie so lange getragen habe«.*

Wenn ich frustriert bin, hilft es mir, mich daran zu erinnern, dass alles nur ein Spiel ist. Ist es denn wirklich nur eine Frage des Vergessens oder Erinnerns?

Nein, es geht weit darüber hinaus. Tiefe Erfahrungen der Gnade können wie ein Leuchtfeuer, wie ein Zeichen sein. Doch die Wahrheit ist: Selbst wenn du die Erinnerung daran loslässt und keinen Augenblick mit einem anderen vergleichst, egal wie heilig er war, offenbart sich, was ewig ist, was weder in der Zeit noch in einer Erfahrung zu finden ist, sondern was jetzt hier ist. Das Ewige erscheint in allen möglichen Verkleidungen und entledigt sich ihrer auch wieder. Es gibt vor, sich zu erinnern oder zu vergessen, es gibt vor, wiedergeboren zu werden und zu sterben.

Dann können also sogar meine tiefen spirituellen Erfahrungen zu einer Falle werden?

Ja, auch deine tiefsten Erfahrungen werden zu einer Falle, wenn du sie zum Gegenstand der Erinnerung machst. Ich meine damit nicht, den Gedanken an sie zurückzuweisen oder sie abzuwerten. Sei dir einfach der Gefahr bewusst, dass dein Verstand solche Erfahrungen in Objekte verwandeln möchte. In dieser Objektivierung wird das ewige Subjekt übersehen, welches die Erfahrung überhaupt möglich machte und welches sowohl vor als auch nach der Erfahrung gegenwärtig ist. Das ewige Subjekt kann in Wahrheit niemals vergessen werden, noch kann es erinnert werden, denn es lässt sich nicht zu einem Konzept der Erinnerung verfestigen.

Ich möchte noch etwas sagen. Jemand sagte einmal zu mir: »Wenn du dich zu Gangaji hingezogen fühlst, bedeutet das, du bist bereit, deine Suche aufzugeben.« Ich dachte daraufhin, na gut, meine Suche wird also enden, wenn ich für den Rest meines Lebens Gangaji folge. Aber heute habe ich begriffen, dass meine Suche in Wirklichkeit hier endet. Sie kann nur im Hier enden. Ich höre auf zu suchen. Ich gehe keinen Schritt weiter: Hier.

Das stimmt. Denn dann folgst du nicht einfach Gangaji, sondern du folgst dem, was auch Gangajis Suche beendet hat. Das ist die wahre Lehre, und es ist nichts, was Gangaji dich lehren könnte. Papaji sagte einmal zu mir: »Ein wahrer Lehrer hinterlässt keine Spuren«.

Was meinst du damit, »was Gangajis Suche beendet hat«?

Ich meine das, was auch deine Suche beendet.

Jetzt bekomme ich Angst.

Du bekommst Angst, weil du dich immer noch als getrennt betrachtest, getrennt von dem, was das Ende von allem bedeutet – die unbewegliche Gegenwart des Seins.

Ich habe auch zu Papaji gesagt: »Das macht mir Angst.« Er lachte und erwiderte: »Es macht dir nur Angst, weil du die Vorstellung hast, dass du von der Ganzheit des Bewusstseins getrennt bist. Wenn du weißt, dass du das Bewusstsein selbst bist und alles *in* dir enthalten ist, hast du keine Angst mehr.«

Es ist Zeit,
die Wahrheit zu sagen

In all den Jahren, die ich nun schon herumreise und mit Menschen spreche, habe ich gesehen, dass viele von dem aufrichtigen, starken Verlangen bewegt sind, »aufzuwachen«, welche Bedeutung das auch immer für den jeweiligen Menschen haben mag. Sie haben den innigen Wunsch, Gott oder die Wahrheit zu erkennen und der Gewalt, dem Hass, dem Leiden ein Ende zu machen und die Chance dieses Lebens zu nutzen. Wenn dieser Wunsch wirklich hundertprozentig ist, wenn er höchste Priorität in deinem Leben hat, dann bist du augenblicklich erwacht. Das ist nun einmal die Wahrheit. Mein eigenes Leben ist die Garantie dafür, dass du deine wahre Natur verwirklichen wirst, wenn es das ist, was du wirklich willst.

Das größte Hindernis liegt darin, wenn sich in deinem Wunsch nach Erwachen das Verlangen nach etwas anderem verbirgt. Vielleicht möchtest du dich besser fühlen, du möchtest ein anderer Mensch sein als der, der du denkst zu sein, du möchtest anerkannt werden, du möchtest all die schlimmen Dinge vergessen können, die dir angetan wurden oder die du anderen angetan hast. Du willst das Erwachen als Mittel zum Zweck benutzen, und du bist enttäuscht, wenn dir die Erfahrung verschlossen bleibt. Das funktioniert nicht.

Du musst die Wahrheit um ihrer selbst willen ersehnen, unabhängig von den Konsequenzen, die sich daraus ergeben können. Das ist eine schockierende Nachricht, denn wir sind sehr daran gewöhnt, nach etwas zu suchen, was unser persönliches Leben verbessern könnte, und wir haben weiß Gott alles versucht. Doch zum Glück wurde unsere Vorstellung, jemals erlöst zu werden und den Wunsch nach Erwachen durch etwas anderes zu stillen, bei den meisten von uns gründlich enttäuscht.

Ich bitte dich, einen Moment nach innen zu schauen und bedingungslos, rückhaltlos ehrlich mit dir selbst zu sein und dich zu fragen, warum du erwachen möchtest. Was ist es, was dir das Erwachen geben soll? Wenn deine Antwort sich auf etwas sehr Schönes, auf etwas Erhabenes oder Selbstloses bezieht, wie »Frieden auf der Erde« oder »Harmonie zwischen den Menschen«, dann lege diese Idee für einen Augenblick beiseite und werde dir darüber klar, ob du die Wahrheit, diesen unbekannten Zustand des Erwachens um seiner selbst willen erfahren willst, unabhängig von den Konsequenzen. Sei wirklich ehrlich! Die meiste Zeit unseres Lebens verbringen wir damit, zu lügen, entweder ganz offen oder subtil, und das Netz unserer Lügen wird immer dichter und komplizierter – du kennst das.

Jetzt, in diesem Moment, hast du Gelegenheit herauszufinden, was du wirklich um seiner selbst willen möchtest, ohne irgendwelche Vorteile zu erwarten, ohne eine versteckte Absicht zu haben. Ich kann förmlich die Angst spüren, die diese Frage hervorruft, denn sie hat eine weitreichende Bedeutung. Es ist einfach, im Erleuchtungs-Stück mitzuspielen und zu sagen: *»Irgendwann wird's bei mir auch funken«* oder *»Er hat es«* oder *»Sie hat es. Ich werde in ihrer Aura bleiben, dann brauche ich das Netz meiner Lügen nicht weiter zu hinterfragen«*.

Du bist erwachsen und es ist Zeit, endlich die Wahrheit zu sagen. Deshalb bitte ich dich, mir zu sagen, was du wirklich willst, was du um deiner selbst willen möchtest. Und wenn du denkst, dass du DAS nicht hast, dann sage mir, was dich deiner Meinung nach davon trennt. Wir werden es untersuchen und herausfinden, ob es ein wirkliches Hindernis für die Wahrheit ist oder ob es nur zu dem Netz aus Lügen und Vorstellungen gehört, das die Wahrheit verschleiert.

Der schmale Grat
der Hingabe

Oft wird mir die Frage gestellt: »*Wie kann ich wissen, ob ein Impuls aus dem Selbst, aus der Wahrheit kommt oder nur vom Ego, vom Verstand?*« Das ist eine berechtigte Frage, und doch kann ich dir kein Rezept dafür geben, wie du das feststellen kannst. Hier zeigt sich die Unbarmherzigkeit der Freiheit, denn die große Gefahr, das Selbst mit dem Ego zu verwechseln, bleibt immer bestehen. Es ist wirklich kein Kinderspiel.

Kindern geben wir klare Richtlinien, was richtiges und was falsches Verhalten ist, und das ist wichtig für sie, sonst machen Kinder, was sie wollen. Du kennst diese Haltung aus eigener Erfahrung, ob als Zweijähriger, mit 16 oder sogar 35: »*Ich will das, also ist es richtig*«. In spirituellen oder New-Age-Kreisen wird es dann übersetzt in: »*Es muss richtig sein, weil mein Herz mir das sagt*«. Mit etwas Lebenserfahrung stellst du dann fest, dass das, was sich vielleicht richtig und gut anfühlt, trotzdem viel Leid auslösen kann. Sogar Mörder fühlen sich oft von einer göttlichen Stimme zum Töten aufgefordert.

Alle Religionen haben ihre Verhaltensregeln, du kannst danach leben und versuchen, anderen kein Leid oder keinen Schaden zuzufügen. Dein Leben verläuft dann relativ friedlich und ohne viel Leid, und doch ist es kein freies Leben. Ist es also möglich, frei zu sein, ohne anderen zu schaden und ihnen Leid zuzufügen?

Ich kann nicht behaupten, dass die Beziehung zu mir kein Leid verursacht, denn es sind schon einige Menschen aus dem Satsang gestürmt, weil sie sich beleidigt oder nicht anerkannt fühlten. Ich bin nicht glücklich darüber, doch um ihnen das Gefühl zu geben, anerkannt zu sein, hätte ich lügen müssen, ich hätte nicht die Wahrheit über das, was sie sind, gesagt. Ich habe den Befehl erhalten, unabhängig von den Konsequenzen bei der Wahrheit zu bleiben. Obwohl es manchmal bequemer sein mag zu lügen, kann ich unmöglich die Illusion der Anhaftung unterstützen, selbst wenn es um die Anhaftung an sehr verfeinerte, gehobene und notwendige Verhaltensregeln geht.

Das kann eine gefährliche Aussage sein, denn ich kenne die Tricks des Ego. Ich weiß auch, wie schnell sich die Wahrheit in eine Rechtfertigung verdrehen lässt, um egoistischen Wünschen und Vergnügungen nachzugehen, in aufgeblasene Parolen, in deren Namen man sich über die normalen gesellschaftlichen Regeln hinwegsetzen möchte.

Ramanas und Papajis Lehre ist sehr radikal. Sie birgt aber die große Gefahr in sich, dass der Verstand sich einer Erkenntnis bemächtigt, zum Beispiel *»Alles ist eins«*

oder »*Nichts existiert wirklich*« und sie den Absichten des Ego unterstellt.

Es ist möglich, so absolut ehrlich zu sein, dass weder Freude noch Schmerz der ausschlaggebende Faktor deines Handelns ist. Wenn du dann deine erneute Identifikation und dein Nachgeben egoistischer Wünsche rechtfertigst, kannst du das sofort wahrnehmen. Jeder wiederkehrende Wunsch ist dann ein Anlass zur Selbsterforschung: *Wer* hat diesen Wunsch? *Wer* ist es, der etwas will? Diese Fragen ehrlich zu beantworten, bedeutet, dich von Bedürfnissen und Wünschen zu befreien, weil du erkennst, dass es niemanden gibt, der etwas wünschen könnte, und dieser »Niemand« ist das, was du bist. Wenn du bereit bist, dich selbst zu erkennen, liebst du dich selbst. Bist du bereit, dich selbst zu lieben, wirst du dich selbst in allem sehen. Und dem, was du liebst, kannst du unmöglich Schaden zufügen. Das ist die subtilste Gratwanderung, denn auf diesem schmalen Grat ist absolut kein Platz. Du hast keinen Platz mehr darauf.

Viele Menschen meines Jahrgangs spüren auch heute noch die Nachwirkungen einer Zeit, in der die Gesellschaft von einer allgemeinen, stillschweigenden Heuchelei beherrscht war. Damals war es wichtig, den Schein zu wahren, die Leute waren nett zueinander und die Gesellschaft funktionierte für bestimmte Gruppen tatsächlich gut. Doch die Unterdrückung wurde irgendwann so unerträglich, dass es in den sechziger und siebziger Jahren zu einer starken Gegenbewegung kam, die auch wir als Subkultur widerspiegeln. Diese Gegenbewegung berief sich zwar darauf, der Wahrheit verpflichtet zu sein, doch unglücklicherweise war es nicht die ganze Wahrheit, denn die achtziger und neunziger Jahre brachten uns weitere verfeinerte Formen der Verdrängung und entsprechender Reaktionen.

Heute sind wir an Selbsterforschung, an der ganzen Wahrheit interessiert, und wir begreifen, dass Auflehnung auch nicht mehr funktioniert. Unterdrückung und Auflehnung haben unendlich viel Leid und falsche Identifikationen erzeugt. Aber gerade sie haben dazu geführt, dass wir uns jetzt ehrlich fragen können: *Was will ich? Was will ich wirklich? Ist es die Befriedigung durch sexuelle Abenteuer? Möchte ich lieber alles unter den Teppich kehren, um Unannehmlichkeiten zu vermeiden? Ist es eine weitere Überlebensstrategie? Eine Möglichkeit, mich durch Status und Anerkennung zu beweisen? Oder will ich mich weiter selbst herabsetzen, indem ich von meiner Wertlosigkeit überzeugt bin?*

Das sind die Bereiche, in denen sich unsere Wünsche am unbewusstesten abspielen. Diese Motive trieben schon immer unseren Körper-Geist-Organismus an und sicherten unsere Fortpflanzung und unseren sozialen Status. Diese Impulse werden uns immer am meisten dazu verleiten, auf unseren Verstand zu hören.

Nachdem Ramana im Alter von sechzehn Jahren erwacht war, nahm er etwas Geld mit (was eigentlich für die Schulbücher seines Bruders bestimmt war – Anm. d. Lektorin) und lief weg, ohne seiner Mutter zu sagen, wohin er ging. Sie machte sich große Sorgen. Er war kein guter Sohn, weil er die Regeln seiner Kultur nicht beachtete. Hätte er seiner Mutter sagen sollen, wohin er ging? Vielleicht hatte er wirklich einen Fehler gemacht. Wer kann das schon sagen? Es ist nicht unsere Sache, sein Verhalten zu bewundern oder zu verurteilen.

Du wirst ganz sicher Fehler machen, denn das liegt in der Natur des göttlichen Spiels, das bringt ein Leben auf dem schmalen Grat der Hingabe mit sich, auf dem das Ich keinerlei Platz hat. Deine Bereitschaft, deinen Fehlern und deinem Leid zu begegnen und dich von dem Diktat des Überlebens, der sexuellen Befriedigung oder der sozialen Stellung zu verabschieden, bietet dir die Chance, das zu erkennen, was nichts braucht, nichts wünscht – das, was nichts *ist*. Es bedeutet, mit allem in Liebe und Mitgefühl verbunden zu sein. Das ist die Aufgabe, der du dich bedingungslos und rückhaltlos widmen musst, ein schmaler Grat der Wachsamkeit und Hingabe, und niemand anders kann das für dich tun.

Was die eine Generation als richtig ansieht, kann sich in der nächsten als falsch erweisen. Jede Generation hat ihren speziellen Bereich, für den sie völlig blind ist. Wenn wir auf die Zeit der Sklaverei zurückschauen, dann ist uns unbegreiflich, wie solche Gräuel möglich waren, denn sie geschahen mit dem Einverständnis derjenigen, die eigentlich gute Menschen waren! Wir müssen bereit sein zu sehen, was in unserem eigenen Leben an Unrecht geschieht, das vielleicht genau so schrecklich ist wie Sklaverei, wir müssen unseren blinden Punkt sehen. Nur durch unsere Ehrlichkeit können wir erkennen, welchen Aspekt unseres Seins wir ignorieren oder verdrängen und dadurch Leid verursachen.

Das Denken ist immer auf der Suche nach einer For-
mel, nach einer Anleitung für das Leben, doch du hast
schon viel zu viele Formeln und Anleitungen. Die ab-
solute Wahrheit ist frei von allen Formeln, frei von
allem. Freiheit *ist* frei.

Wie wirst du
dein Leben nutzen?

Wie nutzt du dein Leben? Wofür wir normalerweise unser Leben nutzen, ist ziemlich offensichtlich. Wir bereichern uns entweder an materiellen oder spirituellen Dingen, immer in der Hoffnung, dem Tod zu entkommen – und nichts von dem hat je funktioniert!

Du weißt selbst am besten, welches deine bevorzugte Art ist, Dinge anzuhäufen und wie viel Zeit deines Lebens du damit verbringst. Gleichgültig, ob du dabei heimlich oder ganz offen vorgehst, immer versuchst du, das Leben deinen Vorstellungen anzupassen. Es geht dir um deine Vorstellungen, wer du denkst zu sein, wer du sein solltest, wer Gott deiner Meinung nach ist, wen du für nachahmenswert hältst, und den Menschen um dich herum vermittelst du fortwährend, dass sie nicht in dieses Bild passen. So sieht es normalerweise aus, nicht wahr? Wie viel Zeit verbringst du alleine damit, zu beurteilen, ob das Handeln anderer deinen Vorstellungen entspricht und was sie tun oder lassen sollten?

In der Hingabe an die Wahrheit liegt deine größte Herausforderung. Wenn du dir allerdings eine Vorstellung von der Wahrheit machst, dann kann es nicht die Wahrheit sein. Vorstellungen sind nicht getrennt von ihr, doch die Wahrheit selbst ist unabhängig von allen Vorstellungen, Konzepten und Gedanken. Die höchste, die wirkliche Herausforderung besteht darin, dich dem hinzugeben, was von Vorstellungen, Bewertungen oder Schlussfolgerungen nicht berührt werden kann, was unabhängig von Vergangenheit, Gegenwart oder Zukunft ist. Es geht darum, zu entdecken, wer du bist, und das ist dir näher als jedes Bild, das du von dir hast, näher als jede Empfindung und tiefer als alle Erfahrungen, die du jemals gemacht hast. Du bist aufgerufen, der Wahrheit treu zu bleiben, der Quelle aller Gedanken, Gefühle, Vorstellungen, ohne sie zu verstehen oder sie festhalten zu wollen.

Ich lade dich ein, diese Quelle in dir zu entdecken und ihr treu zu bleiben. Falls du sie noch nicht entdeckt hast, bleibe ihr dennoch treu und lass sie *dich* entdecken. Du bist unwiderstehlich, wenn du in der Wahrheit bleibst, statt ein Leben aus zweiter Hand zu führen, das auf übernommenen Vorstellungen, Konzepten und Ideen beruht oder auf der Rebellion gegen diese Vorstellungen, Konzepte und Ideen.

Als ich Papaji in Indien zum ersten Mal begegnete, in einem sehr dürftigen Raum, wurde mir plötzlich klar, dass alle meine bisherigen Vorstellungen über den »Himmel«, über »Seligkeit« oder über den »Meister« vollkommen wertlos waren. In diesem kleinen Zimmer war Gott absolut lebendig und die himmlische Gnade unleugbar, trotz des Schimmels an den Wänden, dem Geschrei und dem Gestank, der von der Straße hereindrang. Es war ganz anders als die seichten, rosaroten Glanzpapier-Vorstellungen, die ich hatte.

Für meinen westlichen Verstand war es sehr gut, auf diese Weise angehalten zu werden, aber ich erinnere mich auch daran, dass ich unbewusst sofort versuchte, mich dem neuen Image anzupassen. Ich hörte auf, Make-up zu tragen, ich schaute nicht mehr in den Spiegel, kurz, ich liebte diese neue Schlichtheit und wollte mit den westlichen Schönheitsidealen nichts mehr zu tun haben. Eines Tages schaute Papaji mich an und sagte: »*Warum machst du dich nicht ein bisschen zurecht?*« Er hatte genau gesehen, dass ich versuchte, die Wahrheit in eine Form zu pressen und dieser Vorstellung entsprechend auszusehen. Ich begriff auch, dass es genau das war, was ich mein ganzes Leben lang getan hatte. Mit jeder aufkommenden neuen Zeitströmung hatte ich mich bemüht, dem Idealbild dieser Zeit zu entsprechen, entweder wie ein Hippie auszusehen oder spirituell oder intellektuell, obwohl ich immer spürte, dass es nicht ganz echt war. Der Wahrheit kann man kein bestimmtes »Aussehen« geben. Wahrheit *ist,* wo immer du auch bist, in welcher Form sie auch erscheinen mag. Die Wahrheit trägt keinen Lippenstift, und doch kann sie ebenso gut grellroten Lippenstift tragen. Die Wahrheit trägt keine Kleider, aber sie kann in goldene Gewänder gekleidet sein.

Das Denken wird immer versuchen, die Wahrheit in eine Form zu pressen, denn es kennt nichts anderes als Bilder, Konzepte und Vorstellungen. Wenn wir von Freiheit sprechen, dann geht es um das, was vollkommen frei von Bildern, Konzepten und Vorstellungen ist. Das ist es, was du bist. Gleichgültig wie dein Selbstbild in der Vergangenheit ausgesehen haben mag, welche Hoffnungen du für deine Zukunft hast, es ist das, was du bereits bist. Du kannst das sofort erkennen, indem du entdeckst, was niemals von all diesen Dingen berührt wurde. Die Wahrheit ist jetzt in dir lebendig, und es gibt nichts, was du *tun musst,* um sie zu erreichen. Und weil du die Wahrheit bist, hast du auch die Fähigkeit, die ursprüngliche Wahrheit deines Seins in jedem Augenblick zu erkennen. Die einzige Bedingung ist, dass du all deine Vorstellungen, wer du glaubst zu sein, für den Bruchteil einer Sekunde aufgibst.

Alle Vorstellungen einfach fallen zu lassen, ist leicht! Sie müssen nämlich ständig aufrechterhalten werden, und damit bist du schon so lange beschäftigt, dass du nicht mehr bemerkst, wie viel Energie dich diese Gedanken kosten: *»Ich bin ein Mensch. Ich bin ein Mann. Ich bin eine Frau. Ich bin gut. Ich bin schlecht. Ich bin nichts wert. Ich bin überlegen. Ich hab's begriffen. Ich werde es nie begreifen. Ich hatte es schon. Ich habe es wieder verloren. Ich werde es erreichen. Sie haben es erreicht.«* und so weiter und so fort. Es ist ein unglaublicher Aufwand, aber es ist normal und die meisten Menschen verbringen ihr ganzes Leben damit. Sehr ungewöhnlich jedoch ist, dass dein eigenes Selbst dich nun einlädt zu erkennen, wer du in Wahrheit bist und dein Leben diesem Erwachen zu widmen, ohne an Vorstellungen über *wie, wann* oder *was* festzuhalten.

Das ist es, was ich dir zu sagen habe und ich werde es dir so lange sagen, bis dieser Körper tot umfällt. Das ist deine Chance, du kannst zuhören, du kannst es selbst untersuchen, du kannst es selbst herausfinden und dann dich entscheiden.

Als ich Papaji begegnete, hielt ich mich für sehr neurotisch. Ich hatte unwahrscheinlich viele Vorstellungen und Konzepte, und ich war ständig damit beschäftigt, wie ich diesen Vorstellungen auch gerecht werden könnte. Papaji hat mich aus meinen eingefahrenen Gleisen herausgerissen und mich zu dir geschickt, um dich aus deinen eingefahrenen Gleisen herauszureißen. Der Rest liegt bei dir. Weil du Freiheit bist, weil du das Selbst bist, bist du auch frei zu wählen, wie du dein Leben nutzen möchtest. Bevor wir uns trafen, hattest du diese Freiheit vielleicht nicht. Vielleicht hat dir nie jemand gesagt, dass du frei bist, oder du hast dich an alle möglichen Vorstellungen über Schicksal, freien Willen oder Unfreiheit geklammert. Unsere Begegnung gibt dir eine erneute Chance. Du kannst erforschen, ob es wirklich wahr ist. Die ersten zwanzig, dreißig, fünfzig, sechzig oder achtzig Jahre deines Lebens hast du vielleicht vergeudet, aber jetzt hast du noch eine Chance. Es liegt bei dir.

Deine Zeit, dein Leben sind kostbar, denn du hast endlich den Ruf der Freiheit gehört! Wie wirst du dieses kostbare Geschenk nutzen?

Die Autorin

Gangaji wurde 1942 in Texas unter dem bürgerlichen Namen Antoinette Roberson Varner geboren. In ihrem bürgerlichen Leben leitete sie eine Akupunkturpraxis und war als Englischlehrerin und politische Aktivistin tätig. Gangaji war schon fast 20 Jahre Sucherin auf dem spirituellen Weg, bevor sie 1990 zu ihrem spirituellen Meister H.W.L. Poonja, von seinen Schülern liebevoll Papaji genannt, geführt wurde. Als seine Schülerin geschah ihr an den Ufern des heiligen Flusses Ganges das Erwachen aus der Welt der Illusionen in die Wirklichkeit des einen SELBST. Papaji gab ihr mit den Worten „der Ganga wird jetzt im Westen fließen" den Auftrag, die innere Lehre des Advaita den westlichen Menschen zugänglich zu machen.

Die Begegnung mit Papaji markiert das Ende „ihrer" Lebensgeschichte; das alte Ich war in den unpersönlichen und ewig heiligen Fluss hineingestorben. Seitdem lehrt

Gangaji in der Linie von Ramana Maharshi und Papaji, durch den sie die höchste Lehre empfing und dem sie als ihrem Meister in Treue und Hingabe folgt.

Gangaji bereiste als eine der bekanntesten spirituellen Lehrerinnen über 30 Jahre die westliche Welt. In Satsangs und Retreats (Online und Präsenz) empfängt sie suchende Menschen, um ihnen den Weg zum SELBST zu öffnen. Ihre gütige und zugleich feurige Präsenz, die Klarheit und Brillanz ihrer Lehrweise treffen direkt ins Herz und wecken die Sehnsucht nach der unvergänglichen Wahrheit.

Mit ihrem Mann Eli Jaxon-Bear lebt sie heute in Ashland, Oregon.

Gangaji ist Autorin zahlreicher Bücher. Bei advaita-Media ist neben dem vorliegenden die Biografie *Ein Leben wie Du* erschienen.

Kontakt: The Gangaji Foundation
Email: info@gangaji.org | Website: www.gangaji.org

GANGAJI
Ein Leben wie Du
Gangaji`s Biographie
aufgeschrieben von
Roslyn Moore

advaitaMedia,
232 Seiten, Hardcover
ISBN 3-936718-18-0

Ein Leben wie du

„Dein Wesen ist absolut vertrauenswür-
dig. Dein Herz ist absolut vertrauens-
würdig. Aber wie kannst du dem Her-
zen vertrauen, wenn du dich ihm nicht
zuwendest? Wie kannst du dir selbst
vertrauen, wenn du dich dem, was du
bist – in der Tiefe deines Herzens – nicht
zuwendest?"

Mit entwaffnender Ehrlichkeit und Offenheit erzählt Gangaji von ihren Vorstellungen und Neurosen, von Irrungen und
Wirrungen und von der großen Wende
in ihrem Leben, als sie 1990 Sri Poonja, ihrem Meister in Indien begegnete. Vorbe-
haltlos lädt sie den Leser in ihr Leben ein,
und er muss erkennen, dass sie ihn in
Wirklichkeit zur tiefsten Begegnung mit
sich selbst eingeladen hat. „Die einzige
Geschichte, die es wert ist erzählt zu werden, ist eine Geschichte, die auf das Ende
der Geschichte hinweist", sagt Gangaji.

Roslyn Moore, Verlegerin und Schü-
lerin zugleich, wollte dem Koan der
„Geschichte ohne Geschichte" auf den
Grund gehen. In Interviews mit Gangaji
eröffnete sich ein Lebenspanorama
von der Kindheit in Mississippi bis zur
Gegenwart; und stellte Material aus
Gangaji's öffentlichen Zusammenkünf-
ten mit Schülern und aus Briefen an
Poonjaji zusammen. Entstanden ist da-
raus ein Buch über einen Menschen wie
Du und ich.

advaita *media*

Nichts ist
jemals geschehen

Band I–III

PAPAJI
Nichts ist jemals
geschehen
Biografie,
David Godman

Band I
advaitaMedia 2015
535 Seiten, Softcover
ISBN 9783936718331

Band II
advaitaMedia 2017
579 Seiten, Softcover
ISBN: 978-3-936718416

Band III
advaitaMedia 2019
Softcover, 638 Seiten
ISBN: 978-3-936718-57-7

Hariwansh Lal Poonja (1910-1997), von vielen Schülern Papaji genannt, lebte im indischen Lucknow. Durch seine dynamische Übertragung wurden sich in seiner Gegenwart viele Menschen der absoluten Realität jenseits des Ich-Geistes bewusst und gewahrten: Die uns bekannte „Welt" ist unwirklich.

Diese dreibändige Biographie ist mehr als eine Biographie im herkömmlichen Sinne: sie gibt in Papaji selbst wieder. In enger Zusammenarbeit mit Papaji und vielzähligen Besuchen verbrachte David Godman Jahre der Vorbereitung für dieses berührende Zeugnis eines der bekanntesten spirituellen Meister des 20. Jahrhunderts.

Neben bisher unbekannten biografischen Aspekten über sein Leben, sein Wesen und seine Lehre enthält die Trilogie Lehrgespräche und Briefe mit seinen Schülern, die in Fragen und Antworten das unpersönliche und absichtslose Wirken des Gurus und die Art und Weise, wie spirituelle Meister lehren, aufzeigt.

Zudem erlaubt uns Papaji Einblicke in Tagebuchauszüge, in die er seine inneren Erfahrungen und Erforschungen spiritueller Aspekte niedergelegt hat. Aus ihnen spricht die Essenz der Stille, aus der heraus Papaji wirkte. Als Bergbauleiter, der eine Familie gründete und Kinder großzog, blieb er auch nach seinem Erwachen zeitlebens ein einfacher Mann, der jenen diente, die ihm in Freundschaft verbunden waren.

advaita *media* ⸺